XINSHIDAI
HUANBAO GONGYI
SUSONG DE
LILUN
YU SHIJIAN

新时代环保公益诉讼的理论与实践

卓黎黎 著

·广州·

图书在版编目（CIP）数据

新时代环保公益诉讼的理论与实践/卓黎黎著. —广州：华南理工大学出版社，2021.5
ISBN 978 - 7 - 5623 - 6752 - 9

Ⅰ. ①新… Ⅱ. ①卓… Ⅲ. ①环境保护法 - 行政诉讼 - 研究 - 中国 Ⅳ. ①D925.304

中国版本图书馆 CIP 数据核字（2021）第 097466 号

新时代环保公益诉讼的理论与实践
卓黎黎 著

出版人：卢家明
出版发行：华南理工大学出版社
（广州五山华南理工大学17号楼，邮编510640）
http://hg.cb.scut.edu.cn　E-mail：scutc13@scut.edu.cn
营销部电话：020 - 87113487　87111048（传真）
策划编辑：王　磊
责任编辑：付爱萍
责任校对：王洪霞
印　刷　者：广州市人杰彩印厂
开　　本：850mm×1168mm　1/32　印张：7.25　字数：187千
版　　次：2021年5月第1版　2021年5月第1次印刷
定　　价：48.00元

版权所有　盗版必究　印装差错　负责调换

前 言

　　生态文明建设是关系中华民族永续发展的根本大计。随着经济社会的不断发展和人民生活水平的不断提升，不管是国家层面还是社会个体，对生态环境保护这一命题，均实现了从认识到实践的历史性、转折性、全局性转变。特别是近年来，"人与自然和谐共生""绿水青山就是金山银山"等绿色发展理念被相继提出并日益深入人心，"加快建立健全生态文化体系、生态经济体系、目标责任体系、生态文明制度体系、生态安全体系"等重大战略任务在不同领域、不同层面有序推进，我国的生态文明建设已进入提供更多优质生态产品以满足人民日益增长的优美生态环境需要的攻坚期，也到了有条件有能力解决生态环境突出问题的窗口期。如此，用最严格的制度、最严密的法治为生态环境保护提供可靠保障，已成为当前回应广大群众对绿色获得感和生态幸福感的热切期盼、助推国家治理体系和治理能力现代化的应有之义和内在需求。

　　法治建设涵盖立法、执法、司法等多个环节。近年来，围绕生态环境保护立法，涉及水体大气环境、固体废物、综合整治、土地农业、监测治理等各领域都形成了相对健全的法律法规，基本形成了以《中华人民共和国环境保护法》为环境基本法，30多部单行法以及大量行政法规、环境保护标准组成的生态环境保护法律体系。围绕生态环境保护执法，除了不断明确依据国家法律、行政法规设定的行政处罚和行政强制事项，以及依据部门规章设定的警告、罚款等行政处罚事项，更重要的是通过持续推进生态环境保护综合行政执法改革，统筹配置行政执法职能和执法资源，推动完善执法程序、严格执法责任、强化执法监督，促进提升生态环境保护综合行政执法效能和依法行政水平。围绕生态环境保护司法，则是通过依法办理环境领域的违法犯罪案件，加强执法司法协作配合，健全矛盾纠纷多元化解机制等，确保污染环境、破坏生态行为能够被及时发现，并依据法律程序进行追诉和制裁，从而为生态环境保护构建起一道法治屏障。

面对生态环境保护成为中国乃至全球共同关注的核心问题这一现状，环境利益作为社会公共利益，其地位也得到了全面确立。那么，保护公共利益的最有效途径是什么？一旦环境利益受到侵害，由谁作为代表争取救济能最优体现环境保护的初衷？环境立法如何正确统一实施，环境执法的成效如何监督，环境司法的权威又如何体现？为了解决这些问题，环境公益诉讼制度应运而生。环境公益诉讼制度是公益诉讼制度在生态环境和资源保护领域的适用，从建立、试点到全面运行，该制度在保护生态环境方面取得了显著成效。值得关注的是，从2014年党的十八届四中全会提出"探索建立检察机关提起公益诉讼制度"，到2017年同步修订《中华人民共和国民事诉讼法》和《中华人民共和国行政诉讼法》，我国以立法确认检察机关可以提起民事公益诉讼和行政公益诉讼，检察机关提起公益诉讼由此作为一项制度，成为我国公益诉讼制度中特殊的组成部分。2018年，检察机关立案办理公益诉讼11万余件，

前 言

2019年增长至12万余件，2020年突破15万件，其中每年半数以上的案件集中在生态环境和资源保护领域，一批长期困扰人民群众的环境问题得到有效解决，反映出环境公益诉讼已经成为完善生态文明制度体系、促进人与自然和谐共生的重要内容，检察机关提起环境公益诉讼也逐渐成为保护环境的一条重要途径。

同时，我们也应该注意到，环境公益诉讼在我国实际运行的时间还不长，还存在诸多理论与实践问题有待厘清。环境公益诉讼是推进国家治理体系和治理能力现代化的一项重要手段，但绝不是环境治理体系中的唯一手段。全面推进生态文明建设，需要社会各行各业的共同努力，以形成涵盖环境预防、救济、修复、赔偿等在内的多元治理体系。然而，制度建设中的问题需要通过实践来呈现，并在丰富的实践中积累经验、解决问题。纵观近年来的司法实践，生态环境是公益诉讼中案件量最大、成效最显著、制度也最丰富的领域，最有条件率先在这一领域推动公益诉讼制度的完善，从而对其他领域起到示范、带动作用。因此，笔者将本书的研究视角聚焦于环境公益诉讼领域，试图围绕理论认知、主体架构、机制运行等方面，对近年来的一些学术观点、理论研讨、法律法规、现实案例、实践效果等进行系统的梳理，以期为进一步深入研究这一问题提供理论参考与实务借鉴。

本书共分为七章。第一章从确立环境公益诉讼制度的现实背景和伦理涵义两个角度，深入论证了环境公益诉讼制度的确立基础和必要性。第二章从环境公共利益概念的界定入手，分析了环境公益诉讼的内涵和外延，并依据不同标准对其做出不同分类。第三章采用类型化的研究方法，对环境民事公益诉讼中不同主体的原告资格进行分析，并对涉及被告的重要问题加以阐释。第四章聚焦环境行政公益诉讼中作为起诉人的检察机关和作为被告的行政主体两方面，解读相关实体法规定、确立背景，并结合案例剖析实践中存在的问题和完善措施。第五章区分民事、行政等不同类型的环境公益诉讼案件的起诉和受理制度，着重探讨了不同适格主体的起诉顺位问题，对涉及证据和证明的重要问题加以探讨。第六章集中阐释了诉前程序、诉讼时效或起诉期限、管辖和立案机制以及调解、和解与撤诉等制度规则。第七章论证了环境公益诉讼中不同类型的责任承担问题，讨论了有效激励有权主体提起诉讼的若干制度，并提出了约束滥诉的相关机制。整体来看，本书以生态环境的公益诉讼保护为主线，结合致力于推动环境公益诉讼在类型化的轨道上的不断发展，同时聚焦学界前沿问题，对环境公益诉讼的公众参与权保障、举证责任的分配以及能否适用惩罚性赔偿等热点问题，做出了一些探讨及回应。

公益诉讼关注的是老百姓的身边事，环境公益诉讼从顶层设计到实践落地，与国家发展、个人生活息息相关。着眼于未来，推动环境公益诉讼制度在完善中前行、在实践中细化，不仅是适应经济社会发展形势的现实需要，更是实现国家和社会公共利益最大化、契合人民公平正义诉求的有力之举。

著者
2021年3月

目　录

第一章　环境公益诉讼的理论背景　1
第一节　环境公益诉讼的现实意义　1
一、生态文明建设成为社会共同追求　1
二、环境公益诉讼呼应生态文明建设　8
三、国内环境司法专门化进程日渐加速　10
第二节　环境公益诉讼的伦理价值　12
一、生态伦理：有利于代际传承与可持续发展　12
二、公共伦理：维护了全人类全社会共同利益　14
三、道德伦理：有利于公众环境道德传承塑造　15

第二章　环境公益诉讼的内涵外延　17
第一节　环境公共利益的概念界定　17
第二节　环境公益诉讼的基本特征与主要类型　20
一、环境公益诉讼的基本特征　22
二、环境公益诉讼的主要类型　25
第三节　环境民事公益诉讼　27
第四节　环境行政公益诉讼　30

第三章　环境民事公益诉讼的主体············ 34

第一节　社会组织············ 34
一、法律规定············ 34
二、发展脉络············ 35
三、比较研究············ 37
四、典型案例············ 39
五、实践中存在的问题············ 43
六、完善措施············ 45

第二节　检察机关············ 47
一、法律规定············ 47
二、理论探讨············ 48
三、比较研究············ 50
四、典型案例············ 52
五、实践中存在的问题············ 56
六、完善措施············ 58

第三节　行政机关············ 61
一、法律规定与发展脉络············ 61
二、典型案例············ 63
三、实践中存在的问题············ 67
四、完善措施············ 68

第四节　公民个人············ 71
一、法律规定············ 71
二、典型案例············ 71
三、实践中存在的问题············ 74
四、完善措施············ 75

第五节 环境民事公益诉讼的被告 ················ 76
一、理论阐释 ································ 76
二、实践观察 ································ 83

第四章 环境行政公益诉讼的主体 ················ 89
第一节 作为起诉人的人民检察院 ················ 90
一、法律规定 ································ 90
二、确立背景 ································ 91
三、典型案例 ································ 93
四、实践中存在的问题及完善措施 ················ 98
第二节 作为被告的行政机关 ···················· 100
一、法律规定 ································ 100
二、理论阐释 ································ 104
三、比较研究 ································ 106
四、典型案例 ································ 108
五、实践中存在的问题 ························ 116
六、完善路径 ································ 118

第五章 环境公益诉讼的制度规则 ················ 126
第一节 环境公益诉讼案件的起诉与受理 ············ 126
一、不同类型的环境公益诉讼的起诉与受理 ·········· 126
二、环境公益诉讼中起诉主体顺位问题的不同观点 ····· 128
三、各起诉主体提起环境民事公益诉讼的顺位设计 ····· 130
第二节 环境公益诉讼的证据 ···················· 132
一、环境公益诉讼中证据的特点 ·················· 132

二、环境公益诉讼中已决事实的预决效力…………… 134
　　三、环境公益诉讼中已决事实对后诉的影响………… 135
　　四、环境公益诉讼中法院的自由裁量权………………… 136
第三节　环境公益诉讼中的证明………………………………… 138
　　一、环境公益诉讼中证明责任的内涵………………… 139
　　二、环境公益诉讼中的举证责任………………………… 142
　　三、环境公益诉讼中举证责任分配规则……………… 146

第六章　环境公益诉讼的程序规则……………………………… 151
第一节　环境公益诉讼的诉前程序………………………………… 151
　　一、环境民事公益诉讼的诉前程序……………………… 151
　　二、环境行政公益诉讼的诉前程序……………………… 154
第二节　环境公益诉讼的诉讼时效和起诉期限……………… 155
　　一、环境民事公益诉讼的诉讼时效……………………… 156
　　二、环境行政公益诉讼的起诉期限……………………… 158
第三节　环境公益诉讼的管辖制度………………………………… 159
　　一、环境民事公益诉讼的管辖制度……………………… 160
　　二、环境行政公益诉讼的管辖制度……………………… 162
　　三、跨行政区划环境公益诉讼案件的管辖制度……… 163
第四节　环境公益诉讼的立案机制………………………………… 166
第五节　环境公益诉讼的调解、和解与撤诉…………………… 169
　　一、环境公益诉讼的调解制度…………………………… 169
　　二、环境公益诉讼的和解制度…………………………… 173
　　三、环境公益诉讼的撤诉制度…………………………… 177
第六节　环境公益诉讼的执行程序………………………………… 181

第七章　环境公益诉讼的保障机制 ... 183
第一节　环境公益诉讼的责任承担 ... 183
一、预防性责任 ... 183
二、恢复性责任 ... 187
三、赔偿性责任 ... 191
第二节　环境民事公益诉讼的诉讼激励 ... 197
一、环境民事公益诉讼基金与保险制度 ... 198
二、环境民事公益诉讼费用减免制度 ... 199
三、环境民事公益诉讼法律援助制度 ... 201
四、私主体原告的胜诉奖励制度 ... 202
第三节　环境民事公益诉讼的约束机制 ... 203
一、败诉方负担原则 ... 203
二、我国诉讼约束机制的探索 ... 204

参考文献 ... 206
后　记 ... 217

第一章 ▶ 环境公益诉讼的理论背景

第一节 环境公益诉讼的现实意义

一、生态文明建设成为社会共同追求

(一) 环境形势严峻影响人类未来发展

当前的环境形势不容乐观,环境污染、环境破坏、资源匮乏等一系列问题接踵而至且愈演愈烈。除了存在已久的温室效应、臭氧层空洞等传统环境问题,水污染和土壤污染亦十分严重,近年来又出现了更多的新型污染物,如抗生素污染、电子垃圾污染、纳米材料污染以及各类物质的复合污染等,污染了人类赖以生存的水和土壤,进而威胁人类的健康和生命。同时,生态破坏问题也逐渐严重,水资源短缺、河道断流、草原退化、生物多样性锐减等都在全球范围内对人类生活与发展产生了负面影响。2019 年发生的澳大利亚山火持续燃烧了 5 个月,最终导致数亿动物死亡;2020 年初,东非发生 "25 年来最严重的蝗灾";美国俄亥俄州立大学的科学家从青藏高原冰

川样本中发现33种古老病毒存在的证据，其中28种为全新病毒，研究同时表明全球变暖导致世界各地的冰川体积不断缩小，可能释放出被冰封了数万乃至数十万年的包括病毒在内的微生物……一系列自然灾害的出现绝非偶然，究其根本则是人类破坏环境的行为积累到一定程度而招致的"反噬"。此外，由环境污染导致的群体性事件自1996年以来也呈现递增趋势，出现了发展速度与规模迅猛、信息传播渠道丰富和参与人员多样化的态势。① 由环境污染引起的社会冲突往往遵循着一般产生与发展逻辑，即肇始于冲突源头，继而导致主体利益受损，紧接着产生主体的挫折感与否定性言语，并催生否定性行为。其中，冲突的主体就是利益受损群体和利益获得群体，② 具体到环境污染群体性实践中就是各级政府机关、污染排放企业和辐射的受害群众经济利益与生态价值的冲突。环境问题处理妥当与否关乎整个地球和全人类的未来，如何修复生态环境、如何处理好因环境问题带来的后续挑战成为当前亟待应对和解决的关键问题。解决好环境问题不仅仅有益于生态环境的改善，对社会和谐稳定发展也有着十分重大的意义。

进入中国特色社会主义事业蓬勃发展的新时代，我国经济实力得到迅速提升。然而伴随着工业化和城市化的进程加速，接踵而来的却是复杂多样的生态环境问题，与公共环境问题相关的案件更是频发不止，环境保护与经济发展二者之间的矛盾尤为突出。中华人民共和国成立初期以及之后的很长一段时间里，"以经济建设为中心，大力发展生产力"的口号响彻神州

---

① 杨莹：《生态伦理视野下环境污染群体性事件研究》，河南师范大学2016年硕士学位论文。
② 朱力：《中国社会风险解析群体性事件的社会冲突性质》，载《学海》2009年1月刊，第70页。

大地，各地为了交出可观的经济发展答卷，选择性地忽视了高成本低效率的环境建设，不惜以破坏生态环境为代价快速发展经济，将经济发展置于保护生态环境的对立面。经济发展与环境保护两者之间的矛盾一直贯穿于经济发展的整个过程，相关的利益主体也一直在寻找二者之间的平衡点，目前我国的经济发展离"既要金山银山，也要绿水青山"这一理想目标仍有一段距离。如何正确把握好环境保护与经济发展的"适度"原则便是我们需要认真思考的课题。

（二）生态文明建设的要求

随着经济社会的飞速发展，生态环境保护、生态文明建设进一步成为全人类共同关注的重大命题。党的十八大作出"大力推进生态文明建设"的战略决策，提出了经济建设、政治建设、文化建设、社会建设、生态文明建设"五位一体"的中国特色社会主义总体布局，并分别部署了生态文明体制改革、生态文明法律制度、绿色发展的目标任务，体现出了党中央长远的目光和广阔的格局，是党和国家对中国特色社会主义规律认识的进一步深化。党的十八届五中全会审议通过《中共中央关于制定国民经济和社会发展第十三个五年规划的建议》，将党的十八大以来形成的生态文明建设的一系列顶层设计，系统纳入中国经济社会长期发展的战略之中，实现了从理论到制度的升级。党的十九大作出中国特色社会主义进入新时代的新论断，并基于社会主要矛盾已经转化为人民日益增长的美好生活需要和不平衡不充分的发展之间的矛盾这一新特点，进一步明确了建设生态文明、建设美丽中国的总体要求，提出加快生态文明体制改革，集中体现了习近平新时代中国特色社会主义思想的生态文明观。党的十九届五中全会审议通过了《中共中央关于制定国民经济和社会发展第十四个五年规划和二〇三五年远景目标的建议》,"十四五"规划涉及生态环境等方方面面,其中,经济社会发展的主要目标包括"生态文明建设实现新进步,国土空间开发保护格局得到优化,生产生活方式绿色转型成效显著,能源资源配置更加合理、利用效率大幅提高,主要污染物排放总量持续减少,生态环境持续改善,生态安全屏障更加牢固,城乡人居环境明显改善"等内容。就社会主要矛盾的变化而言,人民日益增长的需要从原来的"物质文化需要"到"美好生活需要"的转变意味着,一味地追求经济迅速增长,而不惜以损害生态环境为巨大代价的时代已经成为过去,仅有规模和速度不再能够满足民众的需求,新时代新阶段发展中的矛盾和问题集中体现在发展质量而非发展速度上。因此,必须寻找新的发展理念,把发展质量问题摆在更为突出的位置,将主要精力集中于提升发展质量与效益上。

2005年,习近平同志在浙江主持工作时就首次提出"绿水青山就是金山银山"的生态环保理念(即"两山"理论),回答了什么是生态文明、怎样建设生态文明等一系列重大理论和实践问题。2018年5月,习近平总书记在全国生态环境保护大会上发表重要讲话,此次大会确立的习近平生态文明思想是新时代生态文明建设的根本遵循,为推动生态文明建设提供了思想指引和实践指南,其实践要求之一即"用最严格制度最严密法治保护生态环境"。坚持以习近平生态文明思想和"绿水青山就是金山银山"的绿色发展理念,积极寻求经济发展与生态保护的双赢局面,实现良性发展,这不仅展现了我国经济社会发展所实现的巨大飞跃,更表明了人民群众对美好生活的不断向往与不懈追求。人们对美好生活的需要是来自多个层面的,其中生态文明建设与经济社会建设之间的关系更是密不可分，寻求两者间的"适度"，规避"跛脚"发展，从而得以双赢，是我国实现全面小康、满足人民美好生活的更高要求。从"盼温饱"到"盼环保"，从"求生存"到"求生态"，民众对"绿水青山"的追求从未改变。近几年的"中国幸福小康指数"调查结果显示，环境作为影响国人幸福感的重要因素，在人们生活幸福指数中的地位不断提高，全社会也因此形成奋斗共识，以建设美丽中国作为全体奋斗目标。

（三）生态文明建设的探索

1. 理论探索

当今我国正朝生态文明建设的道路稳步迈进，共建绿水青山美好环境已成为全社会的共同追求。从理论上看，无论是从国家层面，还是社会（集体）层面，乃至个体层面，全国上下对于环境保护都有着较为清晰的目标与追求。中华人民共和国成立至今，经过一系列的努力探索，逐渐形成了较为完备的绿色理念和环境保护法律制度体系，充分体现了中国共产党对人类社会发展规律和自然生态保护规律的高度关注和重视。1983年12月，国务院召开第二次全国环境保护会议，将保护环境确定为一项基本国策，制定了中国环境保护事业的战略方针。20世纪90年代，党中央又提出环境与经济协调发展，强调了环境问题与经济建设同步走的基本策略。党的十八大以来，对生态环境保护的认识发生了历史性、转折性和全局性的变化。可持续发展、"美丽中国"建设、环保经济、低碳生活、科学发展观、绿色消费等环保价值理论逐渐深入人心，全民贯彻习近平生态文明思想、"绿水青山就是金山银山"绿色发展理念的自觉性和主动性不断加强，从而也推动了生态文明建设理论体系的进一步丰富。总的来看，从将生态文明建设纳入"五位一体"总体布局，到将"树立尊重自然、顺应自然、保护自然的生态文明理念,增强绿水青山就是金山银山的意识"写入党章,再到将"推动物质文明、政治文明、精神文明、生态文明协调发展,把我国建设成为富强民主文明和谐美丽的社会主义现代化强国,实现中华民族伟大复兴"写入宪法,无不体现了党和政府始终把生态文明建设放在突出地位,并将其融入经济社会发展的各方面和全过程,不断致力于促进经济社会发展的绿色转型和建设人与自然和谐共生的现代化建设。

2. 实践探索

从实践上看,我国在立法司法、行政管理、经济建设等方方面面都对环境保护进行了深入探索并取得了较大成就。一是履行环境保护职责的行政机关和法律法规授权的组织逐步建立健全,初步形成了涵盖政策法规、环境评价、环境监督、城市管理等职能完备的环保行政组织体系,构建起了法规健全、评价合理、监督及时、管理高效的环境保护机制,有效实现了动态和静态相结合的机构与部门协同治理。二是环境保护立法与司法实现有较大突破。除了将生态文明写入宪法,立法机关在《中华人民共和国民法典》(以下简称《民法典》)《中华人民共和国刑法》(以下简称《刑法》)等基本法律中也相应规定了环境保护的相关内容,适时根据社会实际情况进行更新,为环境保护工作提供了有利的法律保障。比如,1986年颁布的《中华人民共和国民法通则》(以下简称《民法通则》)第一百二十四条专门规定了环境污染的相关责任;2009年颁布的《中华人民共和国侵权责任法》(以下简称《侵权责任法》)专章对"环境污染责任"进行细化;2017年颁布的《中华人民共和国民法总则》(以下简称《民法总则》)将"绿色原则"确立为民法的一项基本原则;其后,2020年颁布的《民法典》在承继《民法通则》和《侵权责任法》的基础之上，在"侵权责任编"之下专设一章对"环境污染和生态破坏责任"作了进一步规定，适时将"生态破坏责任"一并纳入民法调整的范围。又如，1997年《刑法》在1979年《刑法》基础之上，新设了一类"破坏环境资源保护罪"的内容，具体包括重大环境污染事故罪，非法捕捞水产品罪，非法猎捕、杀害珍贵、濒危野生动物罪等罪名，旨在针对个人或单位故意违反环境保护法律，污染或破坏环境资源，造成或可能造成公私财产重大损失或人身伤亡的严重后果的行为进行刑事处罚。此后又若干次通过刑法修正案，对破坏环境资源保护类犯罪及时进行修改调整和补充完善。如《刑法修正案（二）》对非法占用耕地罪进行修改，《刑法修正案（四）》对擅自进口固体废物罪，非法采伐、毁坏珍贵树木罪，非法收购盗伐、滥伐的林木罪等罪名进行修改，《刑法修正案（八）》取消原"重大环境污染事故罪"罪名，改为"污染环境罪"，最新出台的《刑法修正案（十一）》进一步对污染环境罪和非法猎捕、杀害珍贵、濒危野生动物罪进行修改，并针对虚假环境影响评价和环境监测、破坏国家公园和国家级自然保护区、非法引进外来入侵物种等行为新设处罚规定。更为值得关注的是，先后颁布的一系列环境保护领域单行法律，如《中华人民共和国环境保护法》（以下简称《环境保护法》）、《中华人民共和国海洋环境保护法》（以下简称《海洋环境保护法》）、《中华人民共和国水法》（以下简称《水法》）、《中华人民共和国水污染防治法》（以下简称《水污染防治法》）、《中华人民共和国固体废物污染环境防治法》（以下简称《固体废物污染环境防治法》）、《中华人民共和国野生动物保护法》、《中华人民共和国长江保护法》等得到完善和发展，有关环境保护法律的调整对象范围不断增大,在水体大气环境、固体废物、综合整治、土地农业、监测治理等各领域都形成了相对健全的法律法规,基本形成了以《环境保护法》为环境基本法,30多部单行法以及大量行政法规、环境保护标准组成的生态环境保护法律体系。环境资源诉讼的审判机构和审判人员专门化程度亦不断提升,检察机关等主体被授予提请环境公益诉讼的职权,充分发挥法律法规对环境保护的底线作用,构筑起处理好环境与发展关系的道德高线。三是我国的经济增长模式转向绿色可持续发展模式。从消费者角度来看,消费者的消费理念不断升级,逐渐倾向于选择高效环保产品作为购买对象,而这种新的绿色消费需求也会对生产者产生相应的影响,不仅能够扩大环保产品与服务的市场,还能促进企业加强环保产品的研发与生产,各类企业在政策鼓励以及绿色环保的大背景下将更愿意走环境友好型发展道路,探索环保科技与开发利用新能源。此外,生产决定消费,消费又反作用于生产的经济规律,使得在新的消费需求下所促进的生产发展必定会反作用于消费市场,企业便会因此再进一步为消费者提供可供选择的多样化的环保产品,从而形成良性循环发展。

二、环境公益诉讼呼应生态文明建设

为了建设更高水平的小康社会,更好地满足人民对美好生活的需求,加快生态文明建设成了党和政府回应人民需求且寻求更好发展的必经之路。当人们的日常生活环境以及背后的环境公共利益遭到破坏时,同时作为个体和社会成员的公民不可避免地会产生维护自身合法权益的诉求,也会有越来越多的人愿意为保护绿色家园发声,由此便出现了以法律途径来维护公共环境的环境公益诉讼。环境公益诉讼正是在中国的法制框架内，顺应统筹推进经济建设、政治建设、文化建设、社会建设、生态文明建设要求而产生的，它体现了"司法"参与国家治理、社会治理的重要职能，突出了其作为维护公共环境、推进生态文明建设有力武器的作用。特别是在全面深化改革、全面依法治国的背景下，环境公益诉讼立足社会可持续发展的全局，要求我们注意协调人与自然的关系，遵循生态法则与道德法则，补强行政职能在公共利益保护中失灵的短板，促进多元主体共治的系统性、协同性和整体性改革，呼应了推进生态文明建设这一人类的共同追求。

具体而言，环境公益诉讼具有以下几方面的深远意义：

首先，环境公益诉讼具有预防和补救的双重功能。环境公益诉讼只需根据现实情况作出合理判断，并最终推算出可能导致公共环境利益受到侵害的结果，即可提起。也正是由于环境公益诉讼这一点特殊性，一方面可以及时有效地防止破坏环境的行为发生，另一反面它也能起到"亡羊补牢，为时未晚"的事后救济作用，发现问题及时处理，并对已经造成的损害进行修复，规避侵害的进一步恶化，避免难以恢复的更大损失。

其次，环境公益诉讼为环境救济权提供了制度支持，从法理层面彰显了权利的正当性。环境公益诉讼的提起者代表全体社会成员，无论与案件是否存在直接利害关系或看得见摸得着的利益，他们都可以按照一定的程序，通过法律诉讼手段来维护良好的生态环境以及自身的合法权益。这也体现了人人共同参与、相互协作保护环境的价值观，呼吁全体社会成员自觉承担起保护环境的责任，争做守护环境的勇士，拿起法律武器来维护生态环境及其背后所蕴含的公共利益。

最后，环境公益诉讼制度是对政府和企业的有力监督。市场环境下，以环境为代价换取短期经济收入的企业比比皆是，有的相关部门为了绩效对其置若罔闻。在此情况下，环境公益诉讼为普通大众提供了诉讼的权利，整体上为民众的诉讼权、监督权拓宽了道路，有利于鼓励企业走上环境友好型发展道路，推动政府工作理念和职能向"服务型政府和阳光型政府"转变，坚持以人民为中心，将加强生态文明建设真正落到实处。在维护生态环境的同时，也为绿色发展创新了工作模式，建立起一种长效公正的诉讼机制，形成政府主导、社会参与、企业助力的良好局势。

三、国内环境司法专门化进程日渐加速

（一）环境司法专门化的现实意义

环境司法专门化是指"在国家或地方设立专门的审判机关（环境法院），或是由现有法院在其内部设立专门的审判机构或组织（环境法庭）来对环境案件进行专门审理"，[1] 即专设审判机构和专业化的审判人员对于环境案件进行专门性程序的处理，[2] 从而着力提高关于环境司法的专业化水平。随着法治中国目标的提出，司法体制改革和生态文明体制改革亦不断深化，在总体上为环境司法专门化营造了良好的法律环境。但是，在环境案件的审理过程中，受到环境案件自身的特殊性的影响，执行效率低下、判断标准不统一、受案范围界定不清等实际操作问题层出不穷，但这也恰恰说明了实现环境司法专门

---

[1] 王树义：《论生态文明建设与环境司法改革》，载《中国法学》2014年第3期，第62页。
[2] 张宝：《环境司法专门化的建构路径》，载《郑州大学学报》（哲学社会科学版）2014年第6期。

化是解决以上问题的钥匙和武器。近年来，经过持续的司法实践与立法完善，环境司法专门化不断得到发展进步。环境公益诉讼作为民众保护环境公共利益的重要武器，使得民众在面对生态环境受到损害时可以有处可诉，通过法律途径维护公共利益，与此同时，这也正是环境司法专门化的重要内容。

（二）环境公益诉讼的普遍化趋势

随着我国当前生态文明建设不断深入发展，环境司法专门化程度不断提高，环境公益诉讼的普遍化已经是一种不可避免的趋势，但由于环境问题的相对复杂性，我国环境公益诉讼制度的发展尚处于探索阶段。2005年，国务院在《关于落实科学发展观加强环境保护的决定》中首次提出"推动环境公益诉讼"，2012年《中华人民共和国民事诉讼法》（以下简称2012年《民事诉讼法》）的修改实现了立法上的突破，法院开始受理环境民事公益诉讼的相关案件，而大规模司法实践则是在2014年修订的《环境保护法》施行后方才真正展开。[①] 环境行政公益诉讼和检察公益诉讼领域的制度构建则起步于2014年10月，党的十八届四中全会审议通过了《中共中央关于全面推进依法治国若干重大问题的决定》，提出探索建立检察机关提起公益诉讼制度。2015年5月，中央全面深化改革领导小组第十二次会议审议并通过了《检察机关提起公益诉讼改革试点方案》（以下简称《公益诉讼试点方案》），指出"探索建立检察机关提起公益诉讼制度，目的是充分发挥检察机关法律监督职能作用，促进依法行政、严格执法，维护宪法法律权威，维护社会公平正义，维护国家和社会公共利益"；

[①] 张艺、柳建闽：《浅析环境司法专门化及其完善》，载《长春理工大学学报》（社会科学版）2019年第3期，第23页。

同年7月，第十二届全国人大常委会第十五次会议通过《关于授权最高人民检察院在部分地区开展公益诉讼试点工作的决定》（以下简称《公益诉讼授权决定》），授权最高人民检察院在全国13个省份开展为期两年的公益诉讼试点；同年12月24日，最高人民检察院印发《人民检察院提起公益诉讼试点工作实施办法》（以下简称《公益诉讼试点工作办法》）。2017年6月，第十二届全国人大常委会第二十八次会议作出修改《中华人民共和国民事诉讼法》（以下简称《民事诉讼法》）和《中华人民共和国行政诉讼法》（以下简称《行政诉讼法》）的决定，正式授予检察机关提起公益诉讼的法定职责，这标志着我国以立法形式正式确立了检察机关提起公益诉讼制度；同年7月1日，检察机关提起公益诉讼制度在全国范围内全面推开。值得注意的是，与普通诉讼不同，环境公益诉讼的诉讼主体提起诉讼的目的是为了公共利益，即为了保护公民赖以生存与发展的环境，可以说环境公益诉讼不仅是一种法律手段，也是一种更高价值追求的实现路径。

第二节　环境公益诉讼的伦理价值

一、生态伦理：有利于代际传承与可持续发展

（一）生态环境的代际问题

以长远眼光来看，环境公益诉讼的受益者包括我们的子孙后代。简单而言，保护环境就是保护我们的未来。这就涉及环

境的代际问题,当代人在满足自身环境资源需要的同时,要对后代人的需求与消费承担起责任。对环境造成的损害往往是不可逆转的,对子孙后代而言,更是极不公平的,他们只能被动地接受前人给他们造就的环境和剩余的资源。放眼全人类,自然环境资源是人类繁衍昌盛的根本,我们如今所拥有的一切都来源于大自然,保护环境最终还是为了全人类的未来着想。因此,我们不能为了当下短期的巨大经济诱惑而急功近利,应拥有长远的目光,树立全局观念,深刻认识到尊重生态、保护下一代的环境权益是我们义不容辞的责任。环境公益诉讼在环境代际伦理基础上生根发芽,本质上不仅蕴含着对未来环境的保护,更蕴含着我们对后代的关爱与责任,是一种更高远的格局。

(二)实现人与自然的"可持续发展"

1."可持续发展"的内涵

环境的代际问题与环境的可持续发展理论有着异曲同工之处。"可持续发展"以布伦特兰夫人领导的世界环境与发展委员会(World Commission on Environment and Development,WCED)给出的定义最为流行,即不以危害后代满足需求的能力为前提,又能够满足当代人需求的良性发展。《里约环境与发展宣言》则把"可持续发展"进一步诠释为"人类在与自然和谐相处的同时,过着健康富足的生活,并且能够平等满足后代的发展需求与环境方面的需要"。由此可见,这是人类对美好生活的向往以及对伟大理想的不懈追求。[1]"可持续发展"是一个宏观的命题,涉及经济、生态和社会等各方面的内容。

---

[1] 蔡守秋、万劲波、刘澄:《环境法的伦理基础:可持续发展观——兼论"人与自然和谐共处"的思想》,载《武汉大学学报》(社会科学版)2001年第4期,第391-392页。

以生态的可持续发展为例，完善能源消费结构、进行大气污染和水污染等的综合治理以及提高清洁能源的利用效率等，都是可持续发展战略所关注的重点。

2."可持续发展"与环境公益诉讼

保护环境、建设生态文明同样也是环境公益诉讼的最高要义，生态的可持续发展与环境公益诉讼两者最终都指向一个目标。可以说环境公益诉讼是实现生态可持续发展的指路牌，是人们给生态环境的保护伞。从生态伦理来看，人类在大自然面前始终扮演着索取的角色。从钻木取火的年代开始，人类就一直利用自然资源的红利来实现社会经济的发展，到如今人们仍然依赖自然环境生存，当自然灾难威胁到生存发展的根本性问题时，人们才开始紧张与反思。党和政府始终重视生态文明的建设，并不断展开探索，党的十八大提出了"尊重自然、顺应自然、保护自然"的生态文明理念，表明我们的自然观发生了"由征服自然到尊重自然"的深刻改变——人与自然一直是互利共存的关系，人类应当坚持人与自然和谐共生的发展理念，发挥主观能动性去保护自然。在可持续发展价值观的指导下，党和政府致力于探索未来环境发展的新方向，而环境公益诉讼正是在该背景下的产物。环境公益诉讼不但契合了可持续发展的生态伦理，着眼于人与自然的当下和未来，更是一种符合新时代生态发展的伦理要求，是更高价值追求的机制探索。

二、公共伦理：维护了全人类全社会共同利益

环境公益诉讼，是指提起诉讼的主体为了保护环境公共利益而提起的诉讼。从公共利益的伦理视角来审视环境公益诉

讼，我们不难发现其深刻的内蕴。

环境公益诉讼维护了人类的共同利益。自然环境资源属于我们的公共利益，无论是哪个国家、哪个阶级，都共同享用着自然资源，可以说公众在环境问题中是一个利益共同体。在此情况下，但凡有人破坏了公共利益（即我们的自然环境），便会受到其他人的谴责。开始或许只是道德谴责，由于道德谴责的力度已无法对环境破坏者形成约束，在法律机制日渐成熟的情况下，对环境破坏者的谴责随之规范化，便演变为今天的环境公益诉讼。2014年修订的《环境保护法》第五十八条对于满足提起环境公益诉讼条件的主体进行了界定，为环境公益诉讼的提起规定了较为明确范围和条件，也说明了环境公益诉讼的逻辑起点就是公共环境的损害。尽管在环境公益诉讼的案例中都有某一特定的具体的利益受损者，但该利益受损者的个人利益实际上与公共利益密不可分，有的甚至是一种包含乃至重合的关系，因此法律便赋予承担一定社会职能的社会组织以组织的名义提起诉讼这一权利。因而，环境公益诉讼作为一种稚嫩的法律救济途径，是适应了当今的社会需求而存在的，其背后是公众维护共同利益的诉求。以此为起点看待环境问题时，会引导社会公众更多地从公共利益方面着想，并培养公众"自然环境和自然资源是社会的公共财产和共同利益"的意识。

三、道德伦理：有利于公众环境道德传承塑造

（一）环境道德的含义

环境道德作为一种对传统自然价值观的继承与发展，涵盖了当代的环境现状、生态危机、自然灾难以及环境保护等各个

环节，是现代科学与伦理道德双重作用下的产物，是发自人们内心的价值衡量，体现了人类保护自然的道德要求以及全社会普遍道德要求。由于关系到人们内心的是非价值判断，其作用机理又是复杂多样的。根据环境伦理学的基本原理，人的道德依次由调整个人与个人、个人与集体、个人与自然环境之间的三大关系构成。[①] 从当今环境污染和生态破坏日益严峻的现实来看，第三层次的人与自然之间的关系才是亟待培养和践行的，这就要求推进全民族环境道德的建设，传承并发展环境道德，为建设和谐社会、美丽中国助力。

（二）环境公益诉讼的道德作用

从道德理性的角度而言，环境公益诉讼有利于公众环境道德观念的塑造。环境公益诉讼在维护局部环境利益的基础上为人类共同的生活环境发声，这种以组织名义发起的诉讼，影响不止于某个诉讼案的结果，还能让更多的人意识到全人类都有道德义务去尊重和保护环境，对环境道德的弘扬起到重要的示范作用，有助于形成人人保护环境的良好风尚。

一方面，公众对环境公益诉讼的了解与认可有利于推动环保法律法规以及环保组织的建立，在民众内部自发形成保护环境的社会力量，促生"自下而上"的生态文明建设机制，可以充分发挥民众的主观能动性，进而塑造社会环境道德；另一方面，环境公益诉讼使社会更加关注环境问题，在一定程度上提高了全社会的环保意识。原告通过提起公益诉讼为保护自然环境发声，本身就具有标杆和榜样的作用，当大众了解了这种形式后，相信会有更多的人投身于环境保护事业。

---

① 蔡守秋：《环境政策法律问题研究》，武汉大学出版社1999年版。

第二章 ▶ 环境公益诉讼的内涵外延

第一节 环境公共利益的概念界定

维护环境公共利益是环境公益诉讼的基础与目的。正是由于现实中环境公共利益的不可或缺,环境公益诉讼才具有其内在必要性与价值意义。[①] 因此,如何清晰有效地界定环境公共利益,明确环境公共利益的概念和范围,是研究环境公益诉讼问题的首要任务与前提。从字面来看,环境公共利益明显容纳了环境与公共利益的双重属性。因此对于环境公共利益概念的界定,必须先明确环境与公共利益的基本内涵,从而进一步总结分析出环境公共利益概念的一般性与特殊性。

一方面,"环境"是一个极其抽象和复杂的概念。在《辞海》中,环境被解释为周边的境况,如自然环境和社会环境等围绕某个中心的一切周边世界。可以看出,以往关于环境的解释十分笼统,需要我们针对不同层面、不同学科视角进行回顾与解读。从生物学的意义上来讲,环境是自然生物生活周围

[①] 肖建国、黄忠顺:《环境公益诉讼基本问题研究》,载《法律适用》2014年第4期。

的一切自然因素，包括生态系统、动植微生物群体物种、大气、水、土壤等。① 而从社会学的意义来看，环境的含义明显不止于自然因素，还包括社会观念、制度、文化等非自然因素的部分。② 由此可以看出，从广义来看，环境具备自然属性与社会属性的双重特征，即环境既具备独立于人类社会而客观存在、体现自身发展规律的自然属性，同时也因无可避免地受到人类社会影响、与人类社会发展休戚与共而具备社会属性。从环境公益诉讼的发展来看，其中的"环境"概念明显更加聚焦于自然因素层面，但其也有着法理层面的合理解释，《环境保护法》第二条将环境定义为"影响人类生存和发展的各种天然的和经过人工改造的自然因素的总体，包括大气、水、海洋、土地、矿藏、森林、草原、野生生物、自然遗迹、人文遗迹、自然保护区、风景名胜区、城市和乡村等"，由此构成了环境公益诉讼中对环境理解的法律基础。

另一方面，"公共利益"是利益观集中相对于"私人利益"的概念。从字面意思来看，公共利益就是公共的利益，即社会不确定主体能够共同享有的利益。③ 要厘清公共利益的内涵与外延，关键就在于明晰其与私人利益的区别与联系。私人利益是明确特定主体的相关利益，公共利益与之相区别的内涵不在于利益相关人数的差异，而在于其利益的性质。首先，公共利益的主体应该是不特定的多数公共群体，即公共利益不

---

① 杨爱民：《基于社会—经济—自然复合生态系统的泛生态链理论》，载《中国水土保持科学》2005年第1期，第94页。
② 史传林、包国宪：《政府绩效治理的社会环境分析》，载《行政生态学视角》2013年第11期。
③ 章剑生：《论行政公益诉讼的证明责任及其分配》，载《浙江社会科学》2020年第1期，第55页。

是某一特定群体的利益；其次，公共利益表明过程不是以盈利为目标，而是为了增强社会的共同福祉；最后，公共利益结果应该是共享的、普遍的和整体的。此外，从经济学的角度来看，公共利益的具体标的——公共物品具备受益的非排他性与消费的非竞争性，① 即公共利益是互惠共享、不可分割的社会公众共享利益。从公共利益的内涵界定来看，公共利益作为社会不特定主体所共同享有、不可分割利益的概念得到普遍认同。但是内涵抽象的文义带来的直接后果便是外延的界定存在困难，关于现实中公共利益的范围一直存在争议。

综合"环境"以及"公共利益"的概念来看，环境公共利益在逻辑上属于公共利益的一部分，可以定义为社会不特定主体在影响其生存和发展的各种天然的和经过人工改造的自然因素总体中所具备的共同利益。② 因此，环境公共利益既具备一般公共利益的基本属性，要求为环境领域中不特定群体的共享利益，同时由于聚焦于环境领域，又带有其自身的特殊性质。具体来看，环境与人的生存发展密切相关，是人类社会赖以存在与持续发展的重要根基。无论是水、空气、土壤等基本环境要素，还是动物、植物、微生物等重要环境主体，都与人类的正常生产生活休戚与共。良好的环境能够为人类提供优质的居住环境、富裕的自然禀赋以及较好的生产条件，而恶劣环境则不仅影响人类的正常生活与发展，同时也会严重危及人类的健康安全。同时，环境公共利益具有显著的脆弱性。环境公共利益受到生态环境的影响，牵一发而动全身，极易受到外部

---

① 田传浩、李明坤、郦水清：《土地财政与地方公共物品供给——基于城市层面的经验》，载《公共管理学报》2014年第4期，第38页。
② 杨春桃：《环境公益损害的法律救济现状及对策研究》，载《环境保护》2014年第9期，第41–42页。

影响而削弱降低。环境中的生态系统具有一定的自我调节能力，然而在当前经济发展对环境的过度破坏下，这种自我修复能力显得极为薄弱，但环境的整体性及不随外部行政区域划分而分割的特征，使得环境破坏往往影响深远，涉及整体而非局部。[1]

环境公共利益显著的重要性与脆弱性之间形成了巨大的张力，这也就决定了环境公共利益必须成为社会重点关注和保护的重要公共利益。因此，也就产生了从法律层面对公众在环境权利与义务方面的相关规定。从义务角度来看，由于环境公共利益牵涉到所有人的切身利益，保护环境在宪法层面上成了国家层面和公民层面的应尽义务。同时，作为社会公众必不可缺的一种公共利益，法律对社会公众的环境公共利益范畴进行了系统划分，主要表现为公民依法享有的环境权，其内涵既包含对所处环境中的土壤、空气、光照、水源和通风条件等多种资源的享有权，同时也包括环境知情权、监督权、参与权以及环境权益受侵害时的救济权等抽象层面的环境权使用。[2]

第二节 环境公益诉讼的基本特征与主要类型

环境公益诉讼制度最早可追溯到古罗马时期对公益诉讼与私益诉讼的区分，两者之间的核心区别正在于私人利益与公共

---

[1] 王秋凤、于贵瑞、何洪林、何念鹏、盛文萍、马安娜、郑涵、左尧：《中国自然保护区体系和综合管理体系建设的思考》，载《资源科学》2015年第7期。

[2] 杨朝霞：《论环境公益诉讼的权利基础和起诉顺位——兼谈自然资源物权和环境权的理论要点》，载《法学论坛》2013年第3期。

利益的差异。① 环境公益诉讼作为公益诉讼的一种，随着人们对环境认识的加深和不断重视而得以确定与发展。其中，美国是最早建立环境公益诉讼制度的国家，早在20世纪70年代就开启了环境公益诉讼，并在实践中形成了完备的法律制度体系。② 此后，随着环境问题在全球治理问题中日益突出，环境公益诉讼制度得以在全球各个国家之间推行和发展。一直以来尽管我国对环境保护格外重视，但是从环境公益诉讼制度来看，直到2012年《民事诉讼法》修改后，环境公益诉讼制度在法律层面的地位才得以确定。此后，通过《环境保护法》的修改以及与环境公益诉讼制度有关的各种决定、实施意见的颁布，环境公益诉讼制度才得以不断成长发展。但不可否认的是，和其他的诉讼类型相比，环境公益诉讼在我国仍处于初步发展的阶段，仍然不够成熟。关于环境公益诉讼的具体含义，现有法律并未进行明确的界定，理论界也并未形成较为统一的共识。一般认为环境公益诉讼是法律允许的主体出于维护公共利益的目的，对已经发生或潜在发生的环境污染行为，以环境公益的民事或行政危害者为被告，向法院提出诉讼请求的行为。③ 围绕环境公益诉讼产生的主要争议点之一就在于环境公益诉讼起诉主体范围的界定。④ 从应然层面考察，理论界从狭义角度认为，环境公益诉讼应该由私人主体提出，包括自然

---

① 张镝：《公民个人作为环境公益诉讼原告的资格辨析》，载《学术交流》2013年第2期，第59页。
② 孙智帅、孙献贞：《环境治理的国际经验与中国借鉴》，载《青海社会科学》2017年第3期。
③ 王灿发：《论生态文明建设法律保障体系的构建》，载《中国法学》2014年第3期，第52页。
④ 张锋：《环境公益诉讼起诉主体的顺位设计刍议》，载《法学论坛》2017年第2期。

人、法人、非政府组织等，而从广义角度来看则还应该包括政府机关在内的任何组织或者个人。从实然层面考察，我国对于环境公益诉讼原告主体资格范畴的确定一直在不断深化和扩展。2012年《民事诉讼法》第五十五条强调，能够提起诉讼的主体为法律规定的机关和有关组织，但对于原告主体资格确定却十分笼统和模糊。此后经过《环境保护法》《民事诉讼法》《行政诉讼法》等相关法律的修订完善，社会组织、检察机关在环境民事公益诉讼中的原告主体地位以及检察机关在环境行政公益诉讼中的起诉人主体地位才得以进一步确定。环境公益诉讼在遏制环境污染问题、保护公民环境利益、促进生态文明和人类命运共同体构建等方面的功效作用也不断凸显。

一、环境公益诉讼的基本特征

（一）目标的公益性

《民事诉讼法》第五十五条和《环境保护法》第五十八条均表明，环境民事公益诉讼针对的是"损害社会公共利益"的行为；《行政诉讼法》第二十五条表明，环境行政公益诉讼针对的是行政机关致使"国家利益或者社会公共利益"受到侵害的违法行使职权行为或者不作为的行为。与传统的民事诉讼和行政诉讼所强调的私人利益纠纷相比较，环境公益诉讼以维护生态环境所负有的公共利益作为诉讼的根本目的，其制度内涵在于通过司法途径来有效制止或者惩罚相关主体对生态环境的损害与破坏，从而切实维护社会公众所应当享有的环境权益。环境因素作为社会结构中必不可少的一部分，与人类的生存发展更是休戚相关。作为一种社会共享的公共自然资源，无论是环境当中的空气、土壤、水源，还是动植物、气候条件、光照条件等,都与人类整体的生存和发展息息相关。然而,环境问题成因复杂,涉及范围广泛,跨区域流动性强烈,往往牵一发而动全身,受环境危机的影响,全球每个国家、民族、社会和个体都无法置身事外。正是环境公共利益的重要性与脆弱性,决定了环境公益诉讼要以维护生态环境所负有的公共利益以及公众的环境权益为目的,这也正是环境公益诉讼公益性的价值目标所在。[①]

(二) 主体的广泛性

环境公益诉讼主体的广泛性主要表现在两个方面。一方面是诉讼主体的广泛性。不同于传统诉讼制度中为了规避滥诉现象而对诉讼主体的直接利害关系作出原则性限制,由于环境公益诉讼所涉及的利益本来就是公共利益而非私人利益,在环境中生活的每一个社会公众都有可能受到环境破坏所带来的直接的或间接的影响,不论这种影响是短期显现,抑或是在长期的发展过程中得以暴露的。对于环境公益诉讼而言,国家机关、社会组织以及企业法人、公民,不需要与环境公益诉讼案件有直接的利害关系,任何个体与组织在理论上都可以承担环境公益诉讼的主体资格。另一方面则是相关利益主体的广泛性。环境污染或者环境破坏往往是一个错综复杂的问题,环境破坏所带来的污染及破坏结果容易跨行政区划流动,由此便产生了波及范围广、持续时间长且暴露期不确定等问题,而原生灾害衍生出次生灾害也会对其产生一定的影响。因此,环境公益诉讼牵涉到的利益相关主体十分多元、广泛。[②] 具体而言,环境公

---

① 李义松、朱强:《新〈环保法〉背景下的环境公益诉讼》,载《湖北社会科学》2015年第4期。
② 高雁、高桂林:《环境公益诉讼原告资格的扩展与限制》,载《河北法学》2011年第3期,第157页。

益诉讼主体既包括受到环境破坏直接冲击的相关利益主体，也包括间接利益相关主体；既包括原生灾害的利益相关主体，也可能包括次生灾害的利益相关主体；既包括短期的利益相关主体、也包括长期的利益相关主体。涉及的主体可能有个人、企业、社会环保组织、环保部门等国家行政机关以及检察机关等。

（三）事前的预防性

与传统的诉讼类型要求以已经发生的既定事实作为起诉的充分条件不同，环境公益诉讼不是以已经发生的环境污染或者生态破坏事实作为起诉的唯一条件，潜在的生态环境风险同样也可以作为缘由而提起诉讼。[①] 根据《最高人民法院关于审理环境民事公益诉讼案件适用法律若干问题的解释》（以下简称《环境民事公益诉讼解释》）第一条的规定，法律规定的机关和有关组织可以针对具有损害社会公共利益重大风险的污染环境、破坏生态的行为提起诉讼。环境公益诉讼将潜在的生态环境风险也纳入可以起诉的条件，表明诉讼带有事前预防性的特征。这与环境问题自身的易破坏性、长期性、潜伏性、难以恢复或者恢复成本高的特点密切相关。但是，由于自然环境十分脆弱，出于经济目的的企业或个人又存在强烈的掠夺或破坏环境资源的动力，往往导致环境污染出现以后不可逆转、难以恢复的局面，治理环境污染、修复受到损害的环境所需要花费的时间成本和精力都十分高昂。同时，由于环境问题潜伏期较长，如果忽视潜在的风险而放纵环境问题持续发展，一旦爆发，很容易引发重大环境危机事件，造成难以估量的损失和代

---

① 肖建国：《利益交错中的环境公益诉讼原理》，载《中国人民大学学报》2016年第2期。

价。因此，环境公益诉讼对潜在环境风险的重视，实际是遵循环境保护中"保护为主、防治结合"原则的必然结果，这要求法律不仅要做好事后救济，更要做好事前预防，做到防患于未然、未雨绸缪，将环境风险扼杀在萌芽之中，从而最大限度地保护环境公共利益。

二、环境公益诉讼的主要类型

关于环境公益诉讼主要类型的划分，目前在理论界与实务界也没有形成统一的定论，按照不同的标准可以划分出多种类型的环境公益诉讼。

从诉讼主体的类型来看，环境公益诉讼可以划分为公诉环境公益诉讼和私诉环境公益诉讼两大类型。前者以国家机关作为起诉主体，后者则以公民或者社会团体作为起诉主体。而在具体实践中往往表现出由检察机关提起的环境公益诉讼、由环境资源主管部门提起的环境公益诉讼、由环境保护社会公益组织提起的环境公益诉讼以及由公民作为原告提起的环境公益诉讼四种基本类型。

从诉讼主体的确定方式来看，可以将环境公益诉讼划分为法定性的、协议性的以及任意性的环境公益诉讼三大类型。法定性的环境公益诉讼的诉讼当事人是法律规定的权利主体或者承担了环境公共利益保护职责的主体。协议性的环境公益诉讼的诉讼当事人一般为法定主体通过协议授权或者委托的主体，其中最为常见的就是环境公益诉讼信托。而在任意性的环境公益诉讼中，诉讼当事人则涵盖了受到环境公共利益侵害的任意公民和社会团体的主体。

从诉讼主体的直接利害关系来看，环境公益诉讼可以划分为纯正和非纯正环境公益诉讼两种类型。① 前者是指诉讼主体本身与环境事件有着直接的利害关系，尽管诉讼结果主要服务于环境公共利益。而后者则是指诉讼主体纯粹是出于公共利益需要、本身与环境侵害行为并没有直接的利害关系。但现实中环境公益诉讼主体往往私益与公益相互交织。

从救济时间的类型来看，可以将环境公益诉讼划分为事前预防型和事后救济型两种类型。前者主要以潜在的环境风险为前提条件，旨在做好环境风险的提前预防。后者则是以环境风险损害既定事实发生为基础，旨在恢复或者补偿对环境公共利益的侵害。

从世界范围内法律体系的差异来看，环境公益诉讼主要分为英美法系和大陆法系两大诉讼模式。② 前者主要采用私人执法型的环境公益诉讼模式，公益诉讼原告主体资格较为宽泛，但一般社会公民个人发起的环境公益诉讼较为普遍。③ 而后者主要采用公共执法型的环境公益诉讼模式，对原告主体的要求比较苛刻，一般要求诉讼主体为行政机关、检察机关或者法定的社会团体、民间组织。

从功能分析来看，环境公益诉讼可以划分为执法体制补缺型、执法能力加强型、损害救济支持型、国家损害索赔型等四种类型。前两者主要是针对国家环境执法机关，要求强化执法

---

① 占善刚、王译：《环境司法专门化视域下环境诉讼特别程序设立之探讨》，载《南京工业大学学报》（社会科学版）2019 年第 2 期，第 18 页。

② 胥楠、王育才：《环境公益诉讼激励及域外借鉴——以 ENGO 为例》，载《生态经济》2017 年第 11 期，第 208 页。

③ Jeffrey M. Gaba & Mary E. Kelly, *The Citizen Suit Provision of CERCLA: A Sheep in Wolf's Clothing*, Smu Law Review, Vol. 43: 3, p929 – 955 (1989).

体制建设和加强执法能力建设。而后两者则主要是针对危害环境公共利益的企业或个人，要求及时停止、纠正并补偿给社会或个人带来的损害。

从被告范围和诉讼性质来看，环境公益诉讼可以划分为环境民事公益诉讼和环境行政公益诉讼，① 这也是目前法律层面和实践层面最为普遍的类型划分形式。前者主要是对普通民事主体潜在的或已经损害环境公共利益的行为提出的诉讼。而后者则是出于对行政主体在环境保护过程中不作为、乱作为等行为而提起的诉讼。两者的主要区别在于前者主要是针对负有环境保护守法义务的民事主体，后者则是针对负有环境保护职责的行政主体。

第三节 环境民事公益诉讼

环境民事公益诉讼是环境公益诉讼从被告范围和诉讼性质上划分的一种具体类型。尽管由于公益诉讼作为一种有别于民事诉讼和行政诉讼的特殊诉讼类型，将环境公益诉讼再划分到民事诉讼和行政诉讼中存在争议，但是目前环境公益诉讼民事、行政二分的观念得到普遍认同。按照当前的观念，环境民事公益诉讼被认为是由被法律允许的社会组织、国家机关或者公民法人，为了预防或制止环境公共利益破坏行为的发生，或者基于救济已损害环境公共利益的需求，而以破坏或潜在破坏

---

① 黄忠顺：《环境公益诉讼制度扩张解释论》，载《中国人民大学学报》2016 第 2 期。

的民事危害者为被告，向法院提出诉讼请求的行为。① 从环境民事公益诉讼的概念分析来看，尽管其内嵌于环境公益诉讼的基本内涵中，但是由于民事性质的界定，也使得其呈现出相对特殊之处。

其一，从环境民事公益诉讼的被告来看，主要是指已经损害或潜在损害环境公共利益的企业、组织或者个人。在现实中，环境民事公益诉讼的被告主要为造成环境污染的企业主体，诉讼的客体则包括自然资源在内的经济性环境公益和诸如水土保持、空气清洁等在内的生态性环境公益。② 尽管诉讼溯其根源是为了预防或者阻止侵害环境公共利益的行为发生，从法律上切实维护公众的环境权。但是由于被告常为未履行保护环境义务、违反法律规定的民事主体，因此诉讼请求一般表现为要求追究相关主体的民事法律责任，如停止环境破坏、恢复环境原状、治理环境污染、消除环境威胁、补偿环境损失等。同时，由于被告的民事主体资格以及诉讼本身皆具有一定的特殊性，环境民事公益诉讼的程序是与普通民事诉讼的诉讼程序有所区别的，需要专门设置具有针对性的相关诉讼程序和诉讼规则。在诉讼费用制度、因果关系证明、举证责任分配等程序规则上，都需要做出适宜性的考量与设计。

其二，从环境民事公益诉讼的原告来看，主要包括社会组织或个人以及检察机关两大诉讼主体。当社会组织或个人提起诉讼时，形式上符合传统民事诉讼理论下当事人为平等民事主

---

① 牛颖秀：《生态环境损害赔偿诉讼与环境民事公益诉讼辨析——以诉讼标的为切入的分析》，载《新疆大学学报》（哲学·人文社会科学版）2019年第1期。
② 谌杨：《论中国环境多元共治体系中的制衡逻辑》，载《中国人口·资源与环境》2020年第6期。

体的特征，具有"私人对私人、私人对公益"的特点。然而由于现实中社会组织或个人提起诉讼时，往往会出现热衷于环保事业的公民或环保组织与实力雄厚的社会企业或集团之间抗争的情况，虽然两者在诉讼中都处于民事主体地位，但地位的强弱十分明显。因此，为保护环境公共利益，在此类环境民事公益诉讼中需要更多地考量如何平衡两者的关系。而当检察机关以及环保部门等国家权力机关提起诉讼时，则需要避免国家公权力对企业或个人的压迫。虽然检察机关并不符合传统民事诉讼中的主体资格，但由于环境公益诉讼是具有公益属性的特殊诉讼形式，检察机关作为诉讼主体实际上是在维护公共利益基础上对民事诉讼理论与实践的一次拓展，其根本性质仍然属于民事诉讼，在实践中也被纳入《民事诉讼法》的调整范围中。

其三，从环境民事公益诉讼的意义来看，其意义并不仅仅体现于维护环境公共利益的层面。通过分析环境民事公益诉讼的目标可以发现，环境民事公益诉讼的实质就是为了直接维护环境公共利益而提起的民事诉讼。而从现实层面来看，环境民事公益诉讼一方面能够实现这一目标——它是以已经发生的环境损害或潜在的环境威胁为前提要件，以具体的环境破坏的主体和破坏行为作为诉讼对象，以停止侵害、恢复原状和补偿环境公共利益损失等为诉讼请求直接表现的诉讼行为——这不仅能减少和降低对环境的损害，同时也能规避环境风险的出现；另一方面，环境民事公益诉讼将民事主体环境保护义务履行的全民监督通过法律的形式加以固定，这不仅强化了法律监督，还在一定程度上填补了民事诉讼、行政诉讼以及刑事诉讼对公益维护不全的空白，弥补了行政机制与司法机制的不足。同时环境民事公益诉讼也强化了公众的环境权利意识，拓展了民众依靠法律来维护环境权益的途径，将社会不稳定因素纳入法律救济的框架，在保护环境的同时，更好地维护了社会稳定和经济发展。

当前，我国环境民事公益诉讼的发展进入新的阶段，其特征主要表现为以下几点：一是法律明确规定了启动环境民事公益诉讼的主体，从制度层面向环保组织敞开大门。二是环境民事公益诉讼案鉴定难问题得到改善。过去这一问题是我国环境公益诉讼面临的一大难题，司法解释出台后规定的败诉方负担鉴定费用、保障当事人要求专家出庭发表意见等制度，有利于缓解这一问题带来的压力。三是被告承担责任方式多样化。为保证诉讼执行效果，司法解释通过设置多元化修复主体与建立生态环境修复结果监督机制，督促被告履行环境公益诉讼的判决结果与承担相应的法律责任。四是充分发挥法院的职能作用，主要包括行使释明权、依职权调查收集证据和委托鉴定、对当事人的处分权进行适度限制以及主动移送执行等内容。五是降低诉讼成本。原告可依据法律法规申请缓交诉讼费用，并获得司法救助。六是实行跨区域集中管辖制度。环境民事公益诉讼案件的管辖打破了区域限制，建立了以案件为导向的审理机制。

第四节　环境行政公益诉讼

环境行政公益诉讼，是一种与环境民事公益诉讼相对的环境公益诉讼类型。环境行政公益诉讼是以检察机关向法院提起诉讼为主要形式的诉讼类型，其强调的是有资格的诉讼主体为了预防或制止环境公共利益破坏行为的发生，或者基于救济已损害环境公共利益的需求，将负有环境保护和监管责任但存在违法行为或者不作为的行政机关告上法庭。① 环境行政公益诉讼与环境民事公益诉讼相比，具有被告特殊"行政性质"所带来的特征；② 与传统的行政诉讼相比，则又有其在环境公共利益方面的复杂性。整体来看，环境行政公益诉讼的显著特征主要有如下三点：

其一，从环境行政公益诉讼的被告来看，主要是指对环境保护和监管负有直接责任但出现违法行为和不作为行为的行政主体。③ 这就需要司法机关对作为被告的行政机关"是否存在职责"以及是否"完全履行职责"两方面进行严格审查。在关于行政机关的环境保护和监管责任方面，我国的《环境保护法》规定了各级地方政府应当对本辖区的环境质量负责，有义务采取措施改善环境质量，并明确了地方政府在环境保护上的具体职责。从《行政诉讼法》的相关规定来看，对地方政府及地方政府机关提起诉讼，主要是针对"违法行使职权"和"行政不作为"两类情况，在环境公共利益中，突出表现为地方政府在环境方面的"权力寻租"现象或者执法不力的行为。在关于行政机关是否完全履行职责方面，如何审查是否

---

① 罗丽：《检察院提起环境公益行政诉讼的若干思考》，载《苏州大学学报》（哲学社会科学版）2015年第5期。
② 张建伟：《论政府环境责任问责机制的健全——加强社会公众问责》，载《河海大学学报》（哲学社会科学版）2004年第4期。
③ 王明远：《论我国环境公益诉讼的发展方向：基于行政权与司法权关系理论的分析》，载《中国法学》2016年第1期，第66页。

完全履职是决定诉讼结果的关键问题。① 在事实层面上存在行为基准、结果基准以及复合基准的审查判定。行为基准强调以考察行政机关行为过程的全环节是否全面履行职责为原则，结果基准重点关注行政机关的行为在结果层面是否实质性维护了环境公共利益，复合基准则将行为审查和结果审查进行了结合，现实中对于行为和结果的审查都存在较多困境。

其二，从环境行政公益诉讼的原告来看，主要分为社会组织或个人、国家检察机关两大类。随着近些年来社会公众环境权利意识的广泛觉醒，国家行政机关和相关人员在环境中的法定责任日益得到普遍关注，环境行政公益诉讼的现实需求与必要性日益提高。社会组织或者个人等对行政机关提起的环境行政公益诉讼，带有明显的"私人对公权，私人为公益"的特征，在本质上反映出了人民作为国家当家人和行政机关权力的最终来源者，依法有权对国家行政机关进行外部监督。但是在具体司法实践中，对于社会组织以及个人是否有资格提起环境行政公益诉讼，并没有明确规定。实际在法律层面得到确实认可的，则是国家检察机关作为诉讼主体提起的环境行政公益诉讼。国家检察机关作为诉讼原告有其自身的优势，一方面，环境行政公益诉讼所牵涉的事实与法律认定一般较为复杂，由于地方存在统一监管和分部门交叉监管、地域管辖和事务管辖等方面的冲突，对行政机关的履职进行审查存在较大难度，因此，国家检察机关作为专业司法机关，能够更加专业全面地审查行政机关的行为；另一方面，根据国家权力结构的配置，国家行政机关和国家检察机关分别享有国家赋予的行政权和检察

---

① 付颖琦、杨朝霞：《我国环境行政公益诉讼的问题和对策——基于 2019 年 127 份典型裁判文书的分析》，载《环境保护》2020 年第 14 期。

权,由检察机关起诉体现了对国家公权力的法律监督。

其三,从环境行政公益诉讼的意义来看,环境行政公益诉讼不是以直接造成或威胁环境公共利益的主体作为诉讼对象,而是以在环境保护和监管中违法或者不作为的行政机关作为诉讼对象,通过强化对在环境保护中负有直接责任的行政机关的监督,来倒逼行政机关依法履职,从而有效维护社会民众的环境权利。① 环境作为一种显著性的纯公共物品,政府无疑具有主导性的提供和监管职能。② 因此,环境行政公益诉讼实质上是应对当前地方政府出现的片面注重地方经济发展、增加财政收入,而对日益严重的环境问题视而不见甚至以牺牲其为代价等现象所采取的策略,以期引起地方政府对生态文明建设的重视,避免政策选择性执行行为的发生。与此同时,环境行政公益诉讼还通过立法的形式,强化了社会与检察机关对行政机关的监督,推动了地方政府在法律的约束下,将全民共同建设美丽中国、修复生态的重任扛在肩上,把加强生态文明建设这一任务抓在手上,从而推进党的十九大报告所提出的"建设法治政府推进依法行政,严格规范公正文明执法"理念的贯彻落实,促使地方政府在环境管理方面深化改革,提高地方政府的环境治理能力,确保地方政府在环境保护方面依法行政,按照法律授权严格履行自身的职责和环境管理的义务。

---

① Surya Deva, Public Interest Litigation in India: A Critical Review, *Civil Justice Quarterly*, Vol. 28: 1, p19 – 40 (2009).
② 汤啸天:《论服务型政府和公共产品提供》,载《政治与法律》2006年第6期,第43页。

第三章 环境民事公益诉讼的主体

第一节 社会组织

一、法律规定

为了更好地改善环境问题，维护环境公共利益，中央通过顶层设计进行了诸多环境公益诉讼改革的有益尝试，地方也相继展开实践探索，使得环境民事公益诉讼的原告主体外延不断扩大，环境民事公益诉讼制度的构建与完善也成了近年来中国法学理论界与实务界关注的焦点之一。环境民事公益诉讼制度的前提和基础为原告主体资格的确定，它客观清晰地界定原告的范围，明确启动诉讼的主体条件，从而有利于司法实践工作的开展与推进。

2012年《民事诉讼法》第五十五条明确规定："对污染环境、侵害众多消费者合法权益等损害社会公共利益的行为，法律规定的机关和有关组织可以向人民法院提起诉讼。"这是我国法律第一次明确环境民事公益诉讼的地位，为我国环境公益诉讼制度翻开了新篇章。但该法并未明确具有环境民事公益诉讼原告资格的主体。2014年修订的《环境保护法》第五十八条规定："对污染环境、破坏生态，损害社会生活公共利益的行为，符合下列条件的社会组织可以向人民法院提起诉讼：（一）依法在设区的市级以上人民政府民政部门登记；（二）专门从事环境保护公益活动连续五年以上且无违法记录。符合上述规定的社会组织向人民法院提起诉讼，人民法院应当依法受理。"该法进一步明确了符合一定条件的社会组织可以提起环境民事公益诉讼的举措，是我国在环境公益诉讼方面的一大重要进步。2015年，《最高人民法院关于适用〈中华人民共和国民事诉讼法〉的解释》（以下简称《民事诉讼法解释》）第二百八十四条规定了社会组织作为原告提起诉讼的条件，2017年修订的《民事诉讼法》则在第五十五条明确规定了启动环境民事公益诉讼的主体制度，从诉讼法上正式确立了社会组织在环境民事公益诉讼中的主体地位。①

二、发展脉络

自中华人民共和国建立以来，我国社会组织的数量就呈现出波浪式发展，而波浪式发展的拐点则与国家的公共政策息息相关。改革开放以来，随着"以经济建设为中心"基本路线的确定，我国社会组织发展建设的步伐不断加快。早在20世纪70年代，我国就由政府部门发起成立了首个民间环保组织——中国环境科学学会，后民政部经国务院批准首次创建了

---

① 马晓苒：《社会组织提起的环境民事公益诉讼研究》，重庆大学2016年硕士学位论文。

社团管理司，旨在实现对社会团体的统一登记与管理。1978年至1997年，社会组织呈现出几十倍的增长速度，但政府所采取的立场仍然是限制其自主与独立发展。1998年至2011年，党和政府开始放开对社会组织的发展监管，转向监管与合作并存的积极促进模式，使得社会组织在社会管理与服务中的正面作用逐渐彰显。党的十八大以来，社会治理新格局的建构政策使得党和国家对社会组织发展的支持力度达到了空前的高度，社会组织的活力得到进一步的激发，在政府职能由管理向服务转变的新环境下，其参与社会治理的功能愈加得以彰显。[①] 而在此大背景下，将社会组织纳入环境民事公益诉讼的主体就成了必然的选择。

由社会组织提起环境民事公益诉讼，具有以下三点优势：一是正当性。社会组织是不以营利为目的，而以维护公共利益、提供公共服务为目的设立的非政府组织。它们有一定的组织形式、章程、宗旨、目标、任务、特色和活动方式，由有兴趣或者致力于保护环境的人自发组成，[②] 较个人而言，社会组织可以更加直接和充分地行使公益诉讼权利。二是群众基础性。社会组织具有广泛的民间基础，能更为直接和全面地了解公众的需求，可以较为充分地做到勘察民情、体现民意、集中民智、发扬民主，为公众权利的救济提供支持。三是专业性。环保社会组织拥有一定的环保、法律、技术方面的专业人员，这就使得其在提起环境民事公益诉讼时具有个人所不具备的专业优势，一定程度上可以有效保障诉讼的顺利进行。

---

① 韦克难、陈晶环：《新中国70年社会组织发展的历程、成就和经验——基于国家与社会关系视角下的社会学分析》，载《学术研究》2019年第11期，第48—51页。

② 颜可：《环境民事公益诉讼研究》，2006年重庆大学硕士学位论文。

在环境民事公益诉讼中，界定我国法律规定的社会组织之原告资格需注意以下要素：一是"设区的市级以上人民政府民政部门"，包括：国务院民政部，省、自治区、直辖市的民政厅或民政局；设区的市、自治州、盟、地区（如西藏的阿里地区）和不设区的地级市（如广东的东莞等）的民政部门之外；以及四个直辖市的区、县民政部门。二是必须专门从事环境保护公益活动连续五年以上。时间上要求在诉讼前社会组织已成立且已满五年；内容上要求真正从事了环境保护公益活动，必须具备实践性。三是无违法记录。在实质上要求社会组织所从事的业务不包括成员违法和轻微违法等活动；在形式上则须由社会组织自证其清白，被告可举证证明该社会组织存在违法记录，最终由法院予以审查并认定。四是要具有相关性，如所提起的环境民事公益诉讼要在其业务范围内，且其业务活动可以推动环境公益诉讼的开展。除此之外，不限制社会组织提起诉讼的地域范围。

三、比较研究

与中国的环境民事公益诉讼制度相比，美国的环境公民诉讼制度主要存在以下三方面的差异：

首先，制度名称的不同。名称不同的背后是制度导向的不同。美国的环境公益诉讼制度名为"环境公民诉讼"。[①] 在美国，若公民出于维护个人利益提起环境诉讼，只要该利益同时符合公共利益，就会被纳入环境公民诉讼。而我国的环境公益

---

① 马晓苒：《社会组织提起的环境民事公益诉讼研究》，重庆大学2016年硕士学位论文。

诉讼更加注重表达集体权益保护的意义，故此类由公民个人提起的对环境公益有普遍性损害的环境诉讼一般不会被纳入环境公益诉讼范围之内。因此，相比较而言，环境公益诉讼的概念更加符合我国的立法理念。

其次，社会组织发展环境的不同。社会组织要在环境公益诉讼中充分发挥主体地位，需要良好的法治氛围与社会氛围作为保障。在成立上，美国的社会组织设立门槛较低，采取的是部分许可登记制度。除了部分具有特殊属性，如旨在从事政治活动、获取免税资格等组织需经有关业务部门审查再由民政部门审批外，大部分社会组织不必经过复杂的审查和审批即可成立。而中国社会组织的成立则都需要经历较为严格的审批，因此我国的社会组织常被视为"政府的派出机构"，具有较强的行政色彩，拥有较少的自主权，也较少独立参与重大社会事项的决策。这是制约社会组织提起环境民事诉讼公益的主要因素。在激励制度上，美国政府设立了律师费用转嫁、专家鉴定费补偿等一系列完整的激励制度来鼓励社会组织提起环境公民诉讼。但我国目前仍存在环境民事公益诉讼资金制度不完善，奖励制度有所缺失等问题。

最后，解决滥诉问题的手段不同。为了解决滥诉问题，美国建立了诉前通知制度，即相关社会组织在起诉前应向有关企业发出诉前通知，要求其在一定时间内进行整改，期限届满后仍未采取有效措施的，方能提起诉讼。而中国则通过严格限制诉讼主体的资格来减少滥诉，只有符合一定条件的社会组织，才可以提起环境民事公益诉讼，由此实现节约司法资源、提高经济效益的目标。

四、典型案例

（一）案例一：中国生物多样性保护与绿色发展基金会诉宁夏瑞泰科技股份有限公司等腾格里沙漠污染系列民事公益诉讼案[①]

【基本案情】

2015年8月，中国生物多样性保护与绿色发展基金会（以下简称"绿发会"）向宁夏回族自治区中卫市中级人民法院（以下简称中卫市中级人民法院）提起诉讼称：宁夏瑞泰科技股份有限公司等八家企业在生产过程中违规将超标废水直接排入蒸发池，造成腾格里沙漠严重污染，截至起诉时仍然没有整改完毕。请求判令：①停止非法污染环境行为；②对造成环境污染的危险予以消除；③恢复生态环境或者成立沙漠环境修复专项基金并委托具有资质的第三方进行修复；④针对第二项和第三项诉讼请求，由法院组织原告、技术专家、法律专家、人大代表、政协委员共同验收；⑤赔偿环境修复前生态功能损失；⑥在全国性媒体上公开赔礼道歉等。"绿发会"向法院提交了基金会法人登记证书，以此证明"绿发会"是在国家民政部登记的基金会法人。"绿发会"提交的2010至2014年度检查证明材料，证明了其在提起本案公益诉讼前五年年检是符合合格标准的。"绿发会"也提交了五年内未因从事业务活动违反法律、法规的规定而受到行政、刑事处罚的无违法记录的相关声明。此外，"绿发会"章程规定，其宗旨为"广泛

[①] 参见《〈中国生物多样性保护与绿色发展基金会诉宁夏瑞泰科技股份有限公司环境污染公益诉讼案〉的理解与参照》，载《人民司法》2018年第23期，第30-31页。

动员全社会关心和支持生物多样性保护和绿色发展事业,保护国家战略资源,促进生态文明建设和人与自然和谐,构建人类美好家园"。"绿发会"还向法院提交了其自1985年成立至今,一直实际从事包括举办环境保护研讨会、组织生态考察、开展环境保护宣传教育、提起环境民事公益诉讼等活动的相关证据材料。

中卫市中级人民法院一审认为,"绿发会"不能被认定为《环境保护法》第五十八条规定的"专门从事环境保护公益活动"的社会组织,对"绿发会"的起诉裁定不予受理。"绿发会"不服,提起上诉。宁夏回族自治区高级人民法院审查后裁定驳回上诉,维持原裁定。"绿发会"不服二审裁定,向最高人民法院申请再审。

最高人民法院依法提审并审理认为,因环境公共利益具有普惠性和共享性,没有特定的法律上直接利害关系人,有必要鼓励、引导和规范社会组织依法提起环境公益诉讼,以充分发挥环境公益诉讼功能。依据《环境保护法》第五十八条和《环境民事公益诉讼解释》第四条的规定,对于本案"绿发会"是否可以作为"专门从事环境保护公益活动"的社会组织提起本案诉讼,应重点从其宗旨和业务范围是否包含维护环境公共利益,是否实际从事环境保护公益活动,以及所维护的环境公共利益是否与其宗旨和业务范围具有关联性等三个方面进行审查。此外,对于社会组织宗旨和业务范围是否包含维护环境公共利益,还应根据其内涵而非简单依据文字表述作出判断。最终,最高人民法院裁定"绿发会"具备提起环境民事公益诉讼的主体资格,中卫市中级人民法院应立案受理本案。

【裁判要旨】

该案针对环境公益诉讼案件审理中出现的与原告主体资格

有关的突出问题，就《环境保护法》第五十八条以及《环境民事公益诉讼解释》第四条规定的环境公益诉讼原告主体资格相关法律适用问题，确立、细化了裁判规则和裁判标准，使其具有重要的指引和示范作用。

（1）工作内容属于保护环境要素及生态系统的，应认定符合《环境民事公益诉讼解释》第四条关于"社会组织章程确定的宗旨和主要业务范围是维护社会公共利益"的规定。

（2）《环境民事公益诉讼解释》第四条规定的"环境保护公益活动"，既包括直接改善生态环境的行为，也包括与环境保护相关的有利于完善环境治理体系、提高环境治理能力、促进全社会形成环境保护广泛共识的活动。

（3）社会组织起诉的事项与其宗旨和业务范围具有对应关系，或者与其所保护的环境要素及生态系统具有一定联系的，应认定符合《环境民事公益诉讼解释》第四条关于"与其宗旨和业务范围具有关联性"的规定。

（二）案例二：江苏省环保联合会对德司达（南京）染料有限公司提起环境污染民事公益诉讼案

【基本案情】

2013年9月至2014年5月，德司达（南京）染料有限公司（以下简称德司达公司）在明知王占荣无废酸处置资质的情况下，多次将公司生产过程中产生的废酸以每吨处置费580元的价格交给王占荣处置。王占荣明知船东丁卫东无废酸处置资质，仍将废酸以每吨处置费150元的价格交给丁卫东处置。丁卫东安排船工孙新山、钱存林、张建福、王礼云等人将2698.1吨废酸倾倒至泰东河、新通扬运河水域，严重污染了环境。2016年7月13日，江苏省高邮市人民法院判决被告德司达公司构成污染环境罪，判处罚金2000万元，涉案的其他被告人均被判处刑罚。被告不服提起上诉。2016年10月8日，扬州市中级人民法院二审维持了一审刑事判决。2016年12月1日，南京市中级人民法院针对江苏省环保联合会诉德司达公司环境污染民事公益诉讼一案予以立案，江苏省人民政府于2017年1月4日申请参加诉讼，请求判令被告德司达公司赔偿环境修复费用2428.29万元。两原告认为，被告德司达公司作为废酸的产生厂家，应当预见到废酸的无序流转存在极大的环境风险，其处置行为必须尽到谨慎注意义务，并采取一切必要的、可行的措施以防止其最终被倾倒。但被告在明知废酸极可能被非法倾倒的情况下，却对此持放任态度。其委托并不具备能力和资质的个人处置废酸，应视为是一种在防范污染物对环境污染损害上的不作为，该不作为与环境污染损害结果之间存在法律上的因果关系。被告委托王占荣处置废酸的行为是违法倾倒得以实施的必要条件，也是造成泰东河、新通扬运河水域环境污染的直接原因，应当依据《侵权责任法》第六十五条规定，对污染环境造成的损害承担侵权责任。庭审中，法院认定被告公司违反国家环境保护法律规定，致使其生产过程中产生的2698.1吨废酸倾倒至泰东河、新通扬运河水域的河水中，进而造成环境污染、生态破坏的恶劣后果；法院采纳对江苏科技咨询中心出具的（2014）认字第04号污染环境损害评估技术报告结论，认定被告已经排放的2698.1吨废酸液，污染修复费用为2428.29万元。2017年7月，南京市中级人民法院判处被告德司达公司赔偿环境损害修复费用2428.29万元，用于生态环境修复。

【裁判要旨】

该案是江苏省作为国务院确定的生态环境损害赔偿制度改革试点省以来，省政府与省环保联合会携手作为共同原告提起的首例环境民事公益诉讼。争议焦点在于此前被告因非法处置危险废物污染水体引发环境污染刑事案件,已经被高邮市人民法院判处罚金2000万元,之后是否还要赔偿环境修复费用。对此,南京市中级人民法院表示,罚金是刑罚中的一种附加刑,是被告单位、被告人承担刑事责任的一种刑罚。法院审理这起民事公益诉讼中,原告请求的是德司达公司承担生态环境损害赔偿民事责任,赔偿生态环境修复费用,以实现被损害的生态环境得到有效修复。罚金刑事责任与民事赔偿责任是两种不同的法律责任,被告因污染环境和破坏生态造成损害承担了罚金刑事责任,并不影响其依法应当承担的民事赔偿责任。因此,被告德司达公司在刑事判决中承担的2000万元罚金,并不包含在本案原告向其主张的赔偿环境修复费用范围内。

五、实践中存在的问题

(一) 起诉限制条件较多

一方面,社会组织准入制度过于严格。根据我国《社会团体登记管理条例》等有关规定,社会组织的成立须经过业务主管单位批准与民政部门登记注册。但在实践中,申请成立的社会组织往往难以事先精确知晓其业务主管部门。此外,我国法律严格限制社会组织的登记注册,导致很多社会组织以挂靠其他合法社会组织或者商业注册,甚至不注册的方式存在,这使得许多环保社会组织无法取得合法的法律地位。[①] 目前我

---

① 马晓苒:《社会组织提起的环境民事公益诉讼研究》,重庆大学2016年硕士学位论文。

国符合要求的社会组织仅有700多家。① 另一方面，社会组织起诉条件过于严格。严格的主体资格条件限制虽然有效解决了滥诉问题，一定程度上避免了诉讼资源的浪费，但却将更多的社会组织隔离在环境民事公益诉讼之外。实践中，目前我国的社会组织对行政机关的依附性仍然较强，难以切实有效地参与环境保护立法，作为独立主体发声。正如案例一中对"绿发会"环境民事公益诉讼主体资格的审判，"绿发会"作为较为权威与知名的环保组织，在环境民事公益诉讼中发挥其内在的诉讼主体作用也障碍重重。同时，模糊与抽象的法律法规使得法院行使自由裁量权存在较大伸缩空间，导致社会组织参与环境民事公益诉讼容易出现被差别对待等问题。此外，在证据收集方面，法院有限的人力物力资源限制了其收集证据的可能性，而社会组织本身能力有限，缺乏专业的环境科学技术人员与环境法律专家，在承担举证责任方面也面临较大的困难。

（二）诉讼成本过高

环境民事公益诉讼具有专业性和公益性，使得环境民事公益诉讼的成本远远高于普通的民事诉讼。首先，社会组织资金筹集渠道十分有限。社会组织本身具有非政府性、非营利性、公益性、民间性、自愿性等特征，资金匮乏一直以来都是制约其发展的首要因素。一般而言，社会组织的资金主要来源于社会捐款、内部成员缴纳会费等，只有少部分社会组织能够获得政府财政拨款以及政府向其购买相关服务支付的资金，而其所取得的收入又主要用于维持组织的日常开销和运作。其次，环

---

① 郭雪慧：《社会组织提起环境民事公益诉讼研究——以激励机制为视角》，载《浙江大学学报》（人文社会科学版）2019第3期，第215页，转引自崔丽：《新环境保护法背景下环境公益诉讼激励机制研究》，载《生态经济》2015年第1期，第131-135页。

境民事公益诉讼费用负担机制不尽合理。虽然近些年我国出台的有关法律规定已经在尽可能地修改和完善环境公益诉讼制度，试图减轻社会组织提起环境公益诉讼的资金负担，但相关法律及司法解释的规定仍然比较笼统，如在具体法律条文的表述中，原告胜诉时，其由于提起诉讼所花费的各种费用依法"可以"由被告承担。这就为法律解释预留了较大的空间，某种程度上来说还是让社会组织承担了交纳诉讼费用的压力。最后，环境民事公益诉讼的鉴定成本较高。社会组织需要投入大量的资金去进行技术鉴定，主要包括对污染场地本身的技术鉴定、交通费用、差旅费用等。因此，这对于资金并不充裕的社会组织而言，是一笔难以承受的开支。

六、完善措施

（一）放宽对原告主体资格的条件限制

考虑到滥诉以及部分社会组织诉讼能力有限问题，立法机关设置了较高的起诉门槛，限制社会组织作为环境公益诉讼原告的主体资格，因此，2012年《民事诉讼法》实施后，我国的环境民事公益诉讼案件并没有如预期的那样蓬勃发展。据中国成立最早的全国性民间环保组织——自然之友统计显示，2015年1月至7月提起公益诉讼、进入司法程序的案件数量为23起，除调解结案、一审审理结束与不予受理各1起外，剩下的20起案件都处于受理中，而案件区域分布有8起位于贵州，4起在山东，3起在福建，辽宁和江苏分别有2起，海南、甘肃、湖南、北京分别只有1起。[①] 由此可见，充分调动

---

① 李小玲：《浅析我国环境公益诉讼主体》，载《法制与社会》2017年第9期，第25页。

环保组织参与的积极性,让其主动承担社会责任、关注生态环境问题并起到良好的监督作用,是目前环境民事公益诉讼中需要做出的重要举措。然而,我国目前的社会组织仍然处于探索发展的阶段,并未达到西方社会组织同时承担部分社会事务和公共责任的成熟程度。因此,应当在充分考量我国国情的基础上,借鉴外国经验,进一步放宽原告主体资格的条件限制,完善社会组织的主体诉讼资格制度,以鼓励吸引更多的社会环保组织参与到环境民事公益诉讼中。

(二)加强对社会组织的资金保障

社会组织在资金的管理上需要开源节流。具体而言,可以通过以下几点实现社会组织资金来源渠道的拓宽。一是增强公信力,营造社会组织良好的社会形象。通过平等、协商、合作的途径来构建政府与社会组织协同提供公共服务的关系类型,逐步实现社会组织的去行政化;同时加强与社会公众的沟通交流,通过各种志愿服务活动提供公共服务,并在这个过程中通过报纸、网络等途径宣传环境民事公益诉讼制度的重要性以及胜诉给公众带来的公共利益,赢得公众和社会各界的支持,进而开放捐献渠道向社会筹集资金。二是根据组织自身特点,积极创新社会组织资金收入渠道。此外,立法层面也应当适当降低提起环境诉讼的成本。一方面,可以借鉴美国等国家的经验,如胜诉时诉讼费用由被告承担,败诉时被告可适当分担或者补偿的举措;另一方面,可以探索建立由国家财政支持的环境公益诉讼专项基金,由人民法院对原告承担的诉讼费用酌情予以支持。

(三)完善社会组织提起环境民事公益诉讼的程序

除放宽对原告主体资格的条件限制,以及加强对社会组织的资金保障这两类措施外,还可以通过完善社会组织提起环境民事公益诉讼的程序，来减少对原告主体资格的限制。例如可以适用举证责任倒置原则，即作为原告的社会组织在诉讼中提供因被告行为而受到的损害或即将受到损害的事实即可，至于是否存在因果关系等的责任举证都由被告承担。同时，取消诉讼时效的限制。因为环境污染的破坏性后果不止危害一时，对社会和人类发展也会造成长久的影响，因此对造成长期环境损害后果的违法行为，应当允许社会组织突破诉讼时效的限制予以追责，以求在最大范围内最大限度地保护环境公共利益。

第二节 检察机关

一、法律规定

20世纪90年代，随着法律对检察机关开展行政诉讼、民事审判法律监督工作的确定，检察机关提起公益诉讼制度也拥有了探索和实践的空间。最开始，探索实践范围多限于保护国有资产领域，后来逐步向环境保护等公共利益领域拓展，也赢得了人民法院、行政机关的配合与认可，取得了较好成效。但由于缺乏法律的明确授权，2004年6月17日，最高人民法院复函湖北省高级人民法院请示的一起检察机关对国有资产领域提起诉讼的案件，指出："检察机关以保护国有资产和公共利益为由，以原告身份代表国家提起民事诉讼，没有法律依据，此案件不应受理，如已受理，应当驳回起诉。"此后，各地检察机关提起公益诉讼工作暂时停滞。自2008年起，河南、湖南、山东、四川、贵州、广东、浙江、重庆、江西、福建等地检察机关在生态保护和环境污染损害赔偿领域开展了新一轮提起公益诉讼探索，办理了一批富有成效的案件。[①] 2012年，修订的《民事诉讼法》规定："对污染环境、侵害众多消费者合法权益等损害社会公共利益的行为，法律规定的机关和有关组织可以向人民法院提起诉讼。"但此时依然并未明确环境民事公益诉讼的范围和主体资格。

提出检察公益诉讼制度的最早权威性文献是十八届四中全会习近平总书记所作的《关于全面推进依法治国若干重大问题的决定》。2015年开展检察机关提起公益诉讼试点之初，最高人民法院和最高人民检察院先后出台了一系列司法解释，逐步对案件范围、来源、管辖、程序，以及诉讼请求、举证责任、反诉、调解、和解等内容予以明确，确保试点工作在法律框架和授权范围内依法开展。经历了两年试点后，2017年修订的《民事诉讼法》规定："人民检察院在履行职责中发现破坏生态环境和资源保护、食品药品安全领域侵害众多消费者合法权益等损害社会公共利益的行为，在没有前款规定的机关和组织或者前款规定的机关和组织不提起诉讼的情况下，可以向人民法院提起诉讼。前款规定的机关或者组织提起诉讼的，人民检察院可以支持起诉。"至此，我国正式从法律上确立了检察机关的民事公益诉讼主体资格。

二、理论探讨

近年来，理论界对检察机关在环境民事公益诉讼中主体地

[①] 最高人民检察院民事行政检察厅：《检察机关提起公益诉讼实践与探索》，中国检察出版社2017年版，第33-45页。

位的理解有多种观点,从既有研究来看,主要包括以下几种:一是法律监督说,该理论主张检察机关的起诉权实际上是法律监督权的转化形式。二是原告说,此种观点认为检察机关在环境民事公益诉讼中具有原告的法律地位,与普通民事诉讼的提出主体享有同样的诉讼权利。三是公益代表人说,认为检察机关提起环境民事公益诉讼的目的,在于保护国家和社会的公共利益。四是公诉人说,持此种观点的学者认为在刑事诉讼和公益诉讼中,检察机关行使公诉权没有代表机关的独立利益,所以检察机关作为社会利益以及国家利益的环境民事公益诉讼主体,正好符合公诉权的内涵。笔者认为,以上四类主流观点,实际上都不能全面地反映环境民事公益诉讼中检察机关的主体地位。"法律监督说"将起诉权与法律监督权混为一谈,但实际上二者的目的不一致,因此不能将其等同。而"原告说"的问题则在于检察机关与案件的诉讼标的没有实际的利害关系,因此不能将检察机关在公益诉讼与私益诉讼中的原告地位相比拟。2015年,最高人民检察院出台的《公益诉讼试点工作办法》第十五条规定:人民检察院以公益诉讼人身份提起民事公益诉讼。2018年,最高人民法院、最高人民检察院出台的《关于检察公益诉讼案件适用法律若干问题的解释》(以下简称"两高"《检察公益诉讼解释》)第四条修改为:人民检察院以公益诉讼起诉人身份提起公益诉讼。2020年修正的"两高"《检察公益诉讼解释》依然沿用"公益诉讼起诉人"这一提法。基于此,笔者主张应该坚持检察机关在公益诉讼制度中的独特身份地位。具体可以从三个方面去思考:其一,要看到宪法关于检察机关是国家法律监督机关的定位是检察公益诉讼制度最根本的法律基础。正是因为有了法律监督权,检察机关提起公益诉讼才能名正言顺。其二,公益诉讼不是检察机关的监督之诉。诉讼的核心应该是诉讼请求，保护公益才是公益诉讼的核心，即公益诉讼的"牛鼻子"。也就是说，公益诉讼并不是为了检察机关的法律监督而专门设立的，检察机关并不能为了凸显自身的监督地位而决定诉权的运用。其三，在诉讼程序中，不会因为检察机关是法律监督者就必然胜诉。公益诉讼中的程序权并不等同于法律监督权的核心权能。无论如何，检察公益诉讼作为一项无先例可循的年轻制度，当前应当本着坚持法治原则和正当程序原则为前提，理清逻辑关系，最大范围取得认同、达成共识，才是构建、完善、丰富、发展新制度的最重要路径。

三、比较研究

检察机关代表公共利益参与诉讼，在大陆法系国家比较常见。法国早在1804年《拿破仑民法典》中，就从实体法的角度规定了检察机关在民事诉讼中的职权，确立了检察机关提起民事诉讼的制度。在相关程序法的法典中，也明确了对事关公共秩序、涉及公共利益的案件，检察机关可以参与诉讼。在德国，检察机关作为社会公共利益的代表，对涉及重大环境污染案件、重大侵犯消费者权益案件、婚姻无效案件、雇佣劳动案件等，都可以提起或者参加诉讼，并可以独立提起上诉。日本于明治政府期间仿效法国建立起了检察制度，规定检察机关作为公益代表人参与或者提起民事诉讼的权利，在内容上比德国、法国检察机关的职权范围更加广泛、具体和详细。

美国环境民事公益诉讼的原告主体范围较为宽泛。经过长时间的探索和发展，美国结合自身国情，建立了公民诉讼制度与私人检察总长制度，只要存在使公共环境利益受到侵害的风险，国会即可通过授权方式，赋予官员或者公民起诉的权利，被授权的人则相当于私人检察总长。除此，检察机关在法律授权的情形下也可以提起民事诉讼。总检察长可以代表联邦政府介入任何民事诉讼案，可以对个人、团体、政府及其附属机构提起民事诉讼，并且有权参与辩论；各州检察长代表州政府参与民事诉讼。参与方式上，检察机关有权直接单独提起民事诉讼；如认为案件直接涉及国家利益，总检察长可以自行决定参与该民事诉讼，与当事人一起共同作为原告。具体到环境领域，美国1969年出台的《环境保护法》、1970年出台的《清洁空气法》《防止空气污染条例》和《防治水污染条例》等均赋予了检察机关享有提起环境公益诉讼的权力。[①]

俄罗斯对检察机关参与民事诉讼的情形根据案件性质不同有所区别。一类是对于检察机关接受公民委托授权申请而代替或帮助其提起诉讼的案件，当案件的最终处理不仅仅涉及本案当事人的利益，而是同时存在可能影响其他潜在的特定或不特定人的利益或国家利益，即使本案当事人要求撤诉、终止，都不能影响案件的正常审理。检察机关此时已不是单独作为帮助或者支持起诉者，而是作为国家或者公共利益的代言人，有权决定案件继续与否。另一类案件则是出于维护社会公共利益或国家利益考虑时，检察机关可以依照职权直接向法院提起诉讼或介入诉讼。特别是，对涉及生态环境、自然资源等侵害所提起民事诉讼时，为保障检察机关更好更有效地行使职权，俄罗斯的法律赋予了检察机关召集权，即有权召集相关的环境资源等方面的专家或专业机构来为其提起诉讼提供相关证据和专业

---

① 最高人民检察院民事行政检察厅：《检察机关提起公益诉讼实践与探索》，中国检察出版社2017年版，第23页。

帮助。①

我国的检察机关是国家权力机关,肩负法律的执行者和监督者的双重身份,具备个人以及其他任何组织所不具备的优势。总体而言,我国检察机关提起环境民事公益诉讼的主体资格存在以下两个方面的特征,一是随着社会高速发展,各种社会矛盾不断凸显,尤其是环境污染问题的不断加剧,社会对于检察机关提起环境民事公益诉讼的需求不断增加,环境民事公益诉讼成为检察机关的重点工作之一。二是检察机关参与环境民事公益诉讼的具体方式日益多元化,以支持与督促为主,以直接起诉为辅,在支持起诉和督促起诉无效的前提下,检察机关方可直接向法院提起环境民事公益诉讼。

四、典型案例

(一)案例一:广东省中山市人民检察院督促支持市海洋与渔业局提起海洋环境民事公益诉讼案

【基本案情】

2016年7月至8月,冯喜林、彭伟权、何伟生、何桂森共同商议,联系船主袁茂胜从东莞市中堂镇码头运输废弃胶纸至中山市横门东出海航道12号灯标北堤围垦实施非法倾倒。经环境保护部华南环境科学研究所鉴定,垃圾倾倒对土壤和周边的地表水造成严重的污染,垃圾中含有大量病原微生物,使得鱼类易于得病和死亡,给渔业造成重大损失,人们若食用此类受污染的水产品,会给人体健康带来巨大风险,垃圾渗滤液

---

① 最高人民检察院民事行政检察厅:《检察机关提起公益诉讼实践与探索》,中国检察出版社2017年版,第29页。

进入受纳海水后将对海水造成严重污染,海洋生态系统将被打乱。根据鉴定,此次污染事件导致相关经济损失和生态环境损害修复费用近800万元。此案经中山市第一人民法院一审、中山市中级人民法院终审,认定彭伟权等人构成污染环境罪。2016年12月7日,中山市人民检察院依法向中山市海洋与渔业局发出督促起诉意见书,督促其依法提起民事公益诉讼,要求恢复原状,赔偿损失。同时牵头中山市公安局、市海洋与渔业局、市环境保护局联合成立海洋公益诉讼工作小组,多次就案件被告范围、法院管辖、诉讼请求等事项进行研讨,形成会议纪要,并应中山市海洋与渔业局请求,在调查取证、提供法律咨询中予以支持。同时,整合内部资源,多部门协同作战,联合公诉部门制订补充侦查提纲,引导公安机关深挖污染来源、完善责任链条,技术部门利用航拍技术勘查现场。中山市海洋与渔业局于2016年12月19日复函,表示将提起诉讼,并请检察院给予支持。鉴于责任者已被刑事羁押,污染区域垃圾仍未处理,为避免海洋污染进一步恶化和次生危害发生,中山市人民检察院于2017年4月26日向中山市环境保护局发出《检察建议书》,建议其依法履行职责,采取防止和减轻损害的有效措施,及时清理垃圾。中山市环境保护局采纳检察建议,制定了方案经中山市人民政府审批后逐步实施清理。中山市海洋与渔业局于2017年6月向广州市海事法院提起民事公益诉讼。2017年7月3日,中山市人民检察院向广州市海事法院提交意见书,支持中山市海洋与渔业局提起公益诉讼。2018年6月26日,广州市海事法院公开宣判,判决被告彭伟权、冯喜林、何伟生、何桂森4人连带赔偿生态修复费、环境功能损失费及鉴定评估费等共计782万余元,被告袁茂胜在74万余元范围内承担连带清偿责任,以上款项上缴国库,用于修复被损害的生态环境。①

【裁判要旨】

该案是修订后的《民事诉讼法》实施以后,全国首例检察机关支持起诉的海洋环境公益诉讼案件。检察机关依法履行支持起诉职能,充分彰显了检察机关在协同解决海洋突出问题、加大海洋生态系统保护力度、推动海洋环境监管机制等方面的独特作用。

(二)案例二:广东省广州市人民检察院对李伟来倾倒有毒垃圾行为提起海洋环境民事公益诉讼案

【基本案情】

2016年8月30日,中国海监广东省总队直属二支队、广州支队和南沙大队执法人员在珠江口洪奇沥水道海域巡查时,发现李伟来驾驶的"贵港贵龙8090"轮正通过船上装载的钩机将船上的建筑余泥倒进海里。广州市南沙区水务和环境保护局委托中国广州分析测试中心对"贵港贵龙8090"轮装载的建筑余泥成分进行分析检测。该中心作出的《环境监测报告》显示,样品中含有铜、锌、铅、铬、汞、镍、砷等重金属元素与有害物质。报告同时载明,本次事件造成相关经济损失共计约25万余元。2017年3月30日,广州市南沙区人民检察院向广州市南沙区海洋与渔业局发出《督促起诉意见书》,建议该局对李伟来提起海洋环境民事公益诉讼。2017年4月17日,南沙区海洋与渔业局复函称,鉴于该局在司法诉讼方面缺乏专业经验,无具备相关知识和能力的专职人员,请检察机关作为民事公益诉讼主体对被告提起民事公益诉讼。2017年5月10

---

① 韦磊、邓颂安、李靖:《全国首例支持起诉海洋生态公益诉讼案宣判》,2018年6月30日《检察日报》。

日,广州市人民检察院依法向广州市海事法院提起民事公益诉讼。2017年7月27日,广州市海事法院作出一审判决,判令被告李伟来赔偿环境污染损失229 918元(扣除其自行处置支出费用),以上款项上交国库,用于修复被损害的生态环境。①

【裁判要旨】

该案是修订后的《民事诉讼法》实施以来,全国第一宗由检察机关提起的海洋环境民事公益诉讼。检察机关发现被告的违法行为后,按照法律规定督促行使海洋环境监督管理权的部门代表国家对责任者提出损害赔偿要求,相关机关没有提起民事公益诉讼,社会公共利益仍处于受侵害状态,故依《民事诉讼法》第五十五条,以公益诉讼起诉人的身份向法院提起公益诉讼,体现了检察机关的依法履职。案发地位于珠江出海口,联结珠江三角洲城市群以及香港和澳门特别行政区,既是珠江流域通向海洋的重要通道,又是中华白海豚等珍稀保护动物的栖息地。被告违法倾倒的建筑垃圾,不仅危及航行船舶安全,更会损耗海洋的环境容量,造成水质恶化,导致海洋生物死亡,破坏海洋生态系统。该案的办理,不仅着眼于相关人员行政处罚的监督及损害赔偿的追责,对于涉嫌刑事犯罪的情况,也予以跟进和关注,使相关涉案人员得到全方位的责任追究,提升了检察机关在海洋保护领域开展法律监督的威慑力,有效遏制了一段时间以来向海洋倾倒垃圾的违法现象。

---

① 参见《广州市人民检察院诉李伟来污染海洋环境民事公益诉讼案》,12309中国检察网,2020年10月12日。

五、实践中存在的问题

(一) 现行法律规定限制了检察机关调查权

我国诉讼制度坚持"谁主张,谁举证"的原则,因此,当检察机关提起环境民事公益诉讼时,其须承担起主要举证责任。但在这样的制度之下,检察机关却面临着以下问题:一是侵权主体难以确定。侵权主体的确定需要环境主管部门、工商部门等有关部门进行配合,提供所需的信息和资料,而目前有关检察机关进行调查取证的法律法规还不尽完善。二是侵权行为取证困难。检察机关提起环境民事公益诉讼时,需要明确侵权行为何时开始、以何种方式进行、导致什么后果,并收集有关证据。一般而言,破坏生态环境的侵权行为有着跨越时间长、涉及主体多元、所需证据复杂等特点,因此,要对其一一进行取证就不免会涉及多个部门的合作协调,如环保部门、国土部门和林业部门,以整合相关案件材料。然而检察机关有限的调查权难以支持其在多个行政部门协助调查中的调度工作,造成侵权行为的取证困难。综上所述,检察机关提起环境公益民事诉讼并不仅仅是检察机关一个部门的事情,离不开诸多部门的配合与协调。然而目前的法律法规并未赋予检察机关相应的调查权限,也并未说明检察机关在环境民事公益诉讼中的调查权限源自何处,这也使得检察机关提起环境民事公益诉讼存在诸多障碍,难以推进。

(二) 检察机关角色定位不清晰

《民事诉讼法》第五十五条规定:"人民检察院在履行职责中发现破坏生态环境和资源保护、食品药品安全领域侵害众多消费者合法权益等损害社会公共利益的行为,在没有前款规定的机关和组织或者前款规定的机关和组织不提起诉讼的情况下，可以向人民法院提起诉讼。前款规定的机关或者组织提起诉讼的，人民检察院可以支持起诉。"① "可以"一词的使用表示检察机关不具备充分的起诉权，如此便会产生以下三方面的问题：第一，导致适格主体消极行使权利。社会组织出于资金、社会地位、法律地位等因素的影响，不能及时有效地提起环境民事公益诉讼。检察机关既承担着国家法律监督机关的职责，又担任着环境民事公益诉讼原告的角色；既是"最高法律秩序代表"，又是"社会公益的维护者"。因此，其通过行使检察权来保护我国环境、生态以及自然资源，具有其他资格主体无法超越的优势。然而，在可选择的情况下，高昂的诉讼费用、较长的诉讼周期、复杂的证据调查与材料收集等现实问题影响着检察机关权力的积极行使，导致其对生态环境、社会资源的监督也随之放松。第二，导致适格主体的多元性受损。具备丰富专业知识、拥有经验丰富的个体、专家学者难以成为提起环境公益诉讼的适格主体，不利于形成多元保护格局。第三，影响诉讼的时效性。法律规定检察机关须在"主体不明确或者主体不提起诉讼"的情况下提起诉讼，若其不知适格主体是否已经起诉以及何时起诉，就无法及时提起诉讼，这将可能导致错过最佳的证据收集与结果认定时期。

（三）检察机关监督制度不完善

检察机关作为国家的法律监督机关，在提起环境民事公益诉讼时有公权力机关的强制性权威作保障，能够更加有效、便捷地行使诉权。然而，正是因为其国家机关的特殊身份，诉讼

---

① 圣野、贺江华：《检察机关提起环境公益诉讼存在的问题及改善措施》，载《三峡大学学报》（人文社会科学版）2019年第1期，第89-92页。

过程中容易造成原被告不平等的法律地位。因此要想在保证诉讼主体平等性的同时充分发挥检察机关监督和诉讼的双重职能，就须对诉讼检察监督制度提出更高的要求。一方面，需要关注对检察机关的监督。我国现行法律未对检察机关提起环境民事公益诉讼的权利进行具体规定。但需要明确的一点是，检察机关作为环境民事公益诉讼中和原告享有同样的法律地位的被告主体，其所拥有的再审权、提请抗诉权、监督权等权力应该受到相应的限制。因为"法院与原、被告之间形成一个等腰三角形的结构模式，检察院参与诉讼，不管是支持原告一方还是支持被告一方，都将打破这种原、被告之间完全平等的格局，破坏民事诉讼的公正性"。① 另一方面，需要重视检察机关对维护法律、执行法律的监督。检察机关自身具有监督性质，需要对国家机关进行司法监督、执法监督。在检察机关提起环境民事公益诉讼之前，必须履行必要的诉前程序。从我国现行法律的逻辑角度出发，诉前程序是提起环境民事公益诉讼的基础和条件，针对的对象是有权提起诉讼的机关和组织。然而，由于监督机制不够完善，对这些机关和组织是否逃避行使诉权以及行使诉权后续的跟踪监督不重视，一定程度上放任了一些机关和组织存在的消极行使诉权的情形，严重影响了诉前程序的效果和提起环境民事公益诉讼的进程。

六、完善措施

（一）完善检察机关提起环境民事公益诉讼制度

首先，完善相关法律法规，明确当检察机关作为提起诉讼

---

① 黄瑞羊：《我国建立民事公诉制度的可行性——从反驳异议观点入手》，载中国法院网 2005 年 10 月 12 日，https://www.chinacourt.org/article/detail/2005/10/id/181767.shtml。

的适格主体提起环境民事公益诉讼时，相关部门与单位具有配合调查取证的协作义务。同时进一步规定，对于调查取证过程中不予配合的相关部门，检察机关有权行使检察监督权，向其上级主管部门提出检察建议，督促下级部门配合开展调查取证。此外，完善既有的环境民事公益诉讼相关法律规定，如对《环境保护法》进行相应的补充和调整、贯彻执行《民事诉讼法》的具体条款、细化检察机关提起环境民事公益诉讼的程序规定、完善诉前程序与起诉程序的衔接等，逐步实现诉讼步骤的明晰化、程序化、法治化。最后，要适度限制检察机关对重大、复杂、疑难案件的调查指挥权，以避免出现原告被告法律地位的不平等现象。

（二）提高检察机关对自身提起环境公益诉讼角色定位的认识

首先，应明确检察机关作为"公益诉讼起诉人"与"法律监督人"的边界。检察机关作为环境民事公益诉讼的原告主体时，扮演着"公益诉讼当事人"和"法律监督者"双重身份，其权力与义务之间的关系更加复杂。一方面，若检察机关更多地关注自己的监督职能，就可能导致公权力对私权的过分干预；另一方面，若剥离检察机关的法律监督属性，其作为国家机关提起环境民事公益诉讼的权威性与实效性又难以得到保障。因此，有必要对检察机关的主体资格进行详细具体的规定，进一步明晰检察机关在提起环境诉讼中的角色定位。其次，合理分配检察权能，构建科学合理的检察权分配体系。我国检察机关的领导体制为双重领导制，即检察机关同时接受上级检察机关和同级政府的领导。在同级政府的领导下，检察机关提起环境民事公益诉讼的自主权受到一定限制，这同时也削弱了上级检察机关对它的领导。构建检察系统的权力配置系统，应当在检察工作一体化的总体目标下，按照"上下统一、横向联系、内部整合、总体统筹"的要求来构建合理的检察权分布格局。① 明确上级检察机关对下级检察机关的领导权以及相应的管理权限，可在必要时对下级检察机关的撤诉、和解、反诉、抗诉等行为进行修正或干预，以破除地方保护的壁垒，赋予检察机关更多提起环境民事公益诉讼的自主性。

（三）完善检察机关提起环境公益诉讼制度的具体程序设计

首先，健全环境公益诉讼前置程序。诉前程序可以有效避免滥诉，达到提高资源利用效率，进而减少司法成本的目的。具体来说，可以借鉴各国普遍做法，设置通知举报程序，强化检察机关在提起诉讼前对违法主体的督促作用。对于已经发生的侵害行为，检察机关可以对侵权主体进行通知，要求其对侵权行为做出整改，若侵权主体拒不整改，检察机关方可向人民法院提起诉讼。同时，检察机关可以充分发挥自身的监督职能，建议有关部门依法履行查处职责。比如检察机关可以向有关环保部门对侵权主体提出书面举报，深入调查侵权主体污染环境或者破坏生态的具体行为。

其次，借鉴国外环境公益诉讼制度。美国的环境公民诉讼制度由来已久，时至今日已经形成了一套较为完整的法律体系和制度规定。因此，我们可将其与本国基本国情结合，完善检察机关提起环境公益诉讼的具体程序，对提起主体的资格、权利、过程等进行更加具体清晰的规定。此外，还可以通过立法赋予公民个人提起环境民事公益诉讼的权利，由此调动个人、社会组织、检察机关参与诉讼的积极性，实现全社会共同监

---

① 扈现奎：《我国检察机关提起环境公益诉讼的职能定位及制度构建研究》，中国海洋大学 2010 年硕士学位论文。

督、共同保护良好生态环境的局面。

最后，构建检察机关和被告的平等诉讼关系。完善相关法律法规，确保在审理环境民事公益诉讼案件的过程中，作为原告的检察机关与被告具有平等法律地位，使其真正发挥在生态环境保护方面的促进作用，有效参与诉讼程序。

第三节　行政机关

一、法律规定与发展脉络

随着2008年我国部分省份在生态保护和环境污染损害赔偿领域开展了新一轮公益诉讼探索实践，人民法院也相应开展了环境民事公益诉讼审理工作。这一时期，法院对原告主体资格把握上相对宽松，除了禁止公民个人提起诉讼外，对其他主体并未作出严格限制。所以，该阶段提起环境民事公益诉讼的主体中既有社会团体，也有行政主管部门以及检察机关等。2010年最高人民法院出台的《关于为加快经济发展方式转变提供司法保障和服务的若干意见》明确规定"人民法院应当依法受理环境保护行政部门代表国家提起的环境污染损害赔偿纠纷案件，严厉打击一切破坏环境的行为"，此规定初步确定了环境行政机关在环境民事公益诉讼中的原告资格。2012年《民事诉讼法》首次明确了公益诉讼的法律地位，规定"法律规定的机关"和"有关组织"是提起环境民事公益诉讼的适格原告。"行政机关提起民事诉讼的前提是国家拥有对某些环境资源的所有权，而且法律授权其代表国家行使起诉权。"①但是这种模糊、不精准的界定，并没有促使现实中环境民事公益诉讼案件数量的大量增加。

《民事诉讼法解释》第二百八十四条规定了《消费者权益保护法》和《环境保护法》等法律规定的机关和有关组织有权提起公益诉讼；第二百八十七条中明确规定了其他机关和社会组织被列为共同原告资格的条件。2015年，中共中央办公厅、国务院办公厅印发了《生态环境损害赔偿制度改革试点方案》，将国务院授权试点的地方省级政府确立为生态环境损害赔偿权利人，同时在第四条第三项明确了赔偿权利人的具体要求，指明试点地方本行政区域内的生态环境损害赔偿权利人是经国务院授权的省级政府，省级政府的权利可转授。即省政府可以指定政府的多个相关职能部门或机构，在其职责范围内，代享赔偿权利人权利，具体负责生态环境损害赔偿工作。②2020年12月底，最高法发布《最高人民法院关于审理生态环境损害赔偿案件的若干规定（试行）》，明确符合条件的情形下，省级、市地级人民政府及其指定的相关部门、机构，或者受国务院委托行使全民所有自然资源资产所有权的部门，因与造成生态环境损害的自然人、法人或者其他组织经磋商未达成一致或者无法进行磋商的，可以作为原告提起生态环境损害赔偿诉讼。

2017年修订的《海洋环境保护法》，规定了海洋环境监督管理部门有权提起环境民事损害赔偿诉讼。《海洋环境保护

---

① 胡静、姚俊颖：《提起环境公益诉讼是环境监管部门的新职责》，载《环境经济》2013年第Z1期，第40页。
② 朱凌珂：《环境民事公益诉讼中原告资格的制度缺陷及其改进》，载《学术界》2019第12期，第120页。

法》第五条和第六条明确规定行使海洋环境监督管理的机关，主要包括国务院环境保护行政主管部门、国家海洋、海事、渔业行政主管部门、军队环境保护部门，以及沿海城市中行使海洋环境监督管理权的县级以上的地方人民政府部门。《海洋环境保护法》第八十九条和第九十二条规定了行使海洋监督管理的部门具有代表国家提起海洋环境损害赔偿诉讼的权利。这使得海洋环境监督管理部门对造成海洋污染的单位及相关人员不仅具有行政处罚权，还拥有对海洋生态损害赔偿享有专属的诉讼请求权，有权对破坏海洋生态、损害海洋生物的责任者索要赔偿。最高人民法院出台的《关于审理海洋自然资源与生态环境损害赔偿纠纷案件若干问题的规定》，则针对为请求赔偿《海洋环境保护法》第八十九条第二款规定的海洋自然资源与生态环境损害而提起的诉讼，专门作出司法解释予以规范。

二、典型案例

（一）案例一："塔斯曼海"油轮漏油案

【基本案情】

2002年11月23日凌晨，马耳他籍"塔斯曼海"油轮载有8.1万吨原油，与中国大连"顺凯一号"在天津港东部海域相撞，导致大量原油泄漏，极大地破坏了海洋环境。"塔斯曼海"油轮漏油案件有多个原告主体提起环境诉讼，被告为"塔斯曼海"船东。国家海洋局授权的天津市海洋局代表国家提起海洋生态损失索赔，要求"塔斯曼海"轮船主和伦敦汽船船东互保协会就该次原油泄漏事件造成的海洋生态环境污染损害进行赔偿。2004年12月30日，天津海事法院作出一审判决，责令两被告赔偿原告天津市海洋局1000余万元弥补海洋生态损失，赔偿天津市渔政渔港监督管理处渔业资源损失1500万元，加上先期判令二被告赔偿遭受损失渔民及养殖户的1700余万元，此次赔偿案的最终数额为4200余万元。

【裁判要旨】

"塔斯曼海"油轮漏油案件是我国加入《1992年国际油污损害民事责任公约》后首次由海洋行政管理部门向人民法院提起的环境公益诉讼案。在审理过程中，法院的审理程序较以往有了较大改进，就双方共同争议的事实进行了合并审理。同时，法院充分保护各方的起诉权，积极听取各方意见，确保司法程序公开透明，"阳光下的审判"得以实现。该案的审理和判决产生了以下积极作用：第一，本案首次以司法程序确定了海洋生态环境价值，开创了维护我国海洋生态环境权益的先河，提供了运用国内法和国际法维护国家生态环境权益即环境生态公益的成功范例，同时也为法院处理大型海洋污染侵权案件积累了多方面的经验。第二，有力地保护了国家渔业资源，合理地保护了渔民的合法权益。[①]

（二）案例二：章丘"10·21"重大环境污染案

【基本案情】

2015年10月21日，山东省济南市章丘区普集镇上皋村废弃3号煤井发生重大非法倾倒危险废物事件，废酸液和废碱液被先后倾倒入废弃煤井内，混合后产生有毒气体，造成4人当场死亡。经调查，山东金诚重油化工有限公司（以下简称金诚公司）、山东万达有机硅新材料有限公司（以下简称万达公司）、山东弘聚新能源有限公司（以下简称弘聚公司）、山

---

① 参见《"塔斯曼海"油轮天津溢油污染案》，载山东大学生态损害鉴定研究院网2020年4月9日，http://www.ieef.qd.sdu.edu.cn/info/1196/1094.htm。

东麟丰化工科技有限公司（以下简称麟丰公司）、山东利丰达生物科技有限公司（以下简称利丰达公司）和淄博临淄鲁威化工有限公司（以下简称鲁威公司）6家企业，长期将废碱液、废酸液等危险废物违法倾倒至章丘区普集镇上皋村的废弃煤井内，导致当地土壤、地下水和大气环境严重污染，最终酿成10月21日现场4名违法倾倒人员中毒死亡的重大突发环境事件。办案中，专案组民警共查获80吨、320余桶危废物，经评估共对章丘区3个街道造成生态环境污染，生态环境损害数额约2.4亿元。

案发后，原山东省环境保护厅与涉案6企业开展了4轮磋商，签署了4份共计1357.5万余元的生态环境损害赔偿协议。后万达公司、麟丰公司、鲁威公司实际履行，利丰达公司在按照赔偿协议履行了一期100万元后反悔，弘聚公司、金诚公司对排放污染物的时间、种类、数量不能达成共识。随后，原山东省环境保护厅分别将利丰达公司与弘聚公司、金诚公司诉至法院（诉讼过程中，山东省环境保护厅变更名称为山东省生态环境厅）。

2018年12月21日，山东省济南市中级人民法院对山东省生态环境厅与弘聚公司、金诚公司生态环境损害赔偿纠纷案作出一审判决，认定：弘聚公司是本案生态环境损害赔偿的义务主体，应当承担相应的民事赔偿责任；金诚公司对其生产过程中产生的废碱液未依法进行处理，而是交无危险废物处理资质的第三方处理，二者行为结合造成环境污染，金诚公司应承担连带责任，也是本案生态环境损害赔偿的义务主体。此外，弘聚公司、金诚公司严重损害了国家利益和社会公共利益，即使承担了金钱赔偿责任，也无法完全弥补其行为带来的危害，为警示和教育环境污染者，增强公众环境保护意识，对于山东省生态环境厅要求弘聚公司、金诚公司在省级以上媒体公开赔礼道歉的诉讼请求予以支持。

2019年4月2日，山东省济南市历下区人民法院对山东省生态环境厅与利丰达公司合同纠纷案作出一审判决，认定利丰达公司偿还山东省生态环境厅赔偿款本金482.89万元及违约金。利丰达公司不服提起上诉，2019年8月14日，山东省济南市中级人民法院终审判决驳回上诉，维持一审原判。

此外，2016年1月21日，"绿发会"对涉嫌违法倾倒危险废物的六家企业提起环境公益诉讼。同年3月14日，山东省济南市中级人民法院立案受理。"绿发会"邀请济南市人民检察院、济南市环境保护局同时支持起诉并获同意。2016年7月28日，济南市中级人民法院以审理刑事案件为由作出中止审理该案件的裁定。中止事由结束后，2018年12月26日，济南市中级人民法院公开开庭审理了此案，认定："绿发会"诉请赔偿的环境污染损失，法院受理的山东省生态环境厅与金诚公司、弘聚公司生态环境损害赔偿纠纷一案，已判令金诚公司、弘聚公司承担了相应责任；万达公司、麟丰公司、利丰达公司对其污染涉场地造成的损害已与生态环境损害赔偿权利人、应急处置及生态环境修复人达成生态环境损害赔偿合同书，"绿发会"的此项诉讼目的已经实现，本案不再予以处理。一审法院最终判决被告支付"绿发会"律师费等为诉讼支出的合理费用10万元；万达公司、麟丰公司、利丰达公司在省级以上媒体公开赔礼道歉；驳回"绿发会"的其他诉讼请求。

【裁判要旨】

本案为重大突发环境事件，在全国范围内有较大的影响，具有积极的宣传、教育和警示意义。其一，原山东省环境保护厅作为赔偿权利人指定的部门，综合运用了磋商和诉讼两种途径索赔，及时对生态环境进行修复，实现了社会效益和环境效益的双赢。赔偿磋商过程中，由于部分赔偿义务人对赔偿责任未能达成一致，还有一家企业对已磋商一致的协议未予执行，赔偿权利人分别提起诉讼，这是针对生态环境损害赔偿案件磋商与司法审判衔接所开展的有益探索，为后续相关制度的形成提供了较好借鉴。其二，关于生态环境损害赔偿诉讼与环境民事公益诉讼存在双重主体请求权竞合的问题。实践中，经常会出现生态环境部门和社会组织等以不同案由提起诉讼的问题。法院审理时应当确定提起诉讼的优先顺位，以避免造成重复索赔等问题。本案一审过程中，鉴于政府及相关部门在污染事件发生后已开始进行应急处置和生态环境修复工作，一审法院先审理政府授权部门提起的生态环境损害赔偿诉讼，并将赔偿款判决给政府授权的部门，有利于受损生态环境的及时有效修复。法院在恢复民事公益诉讼案件的审理后，对全部诉讼请求需进行全面审查，并应就未被生态环境损害赔偿诉讼案件涵盖的诉讼请求依法作出判决。①

三、实践中存在的问题

（一）行政机关提起环境民事公益诉讼的案件少

环境民事公益诉讼的胜诉率较高，但行政机关作为原告提起的诉讼较少。一方面，提起环境民事公益诉讼的行政机关类型偏少，多为环保局和林业局两类；另一方面，行政机关提起环境诉讼的主动性较弱。在实践中，尽管部分行政机关的专业性能够支持其参与环境民事公益诉讼，但仅有少量行政机关会

---

① 高杨清：《山东高院2019环资审判十大典型案例评选揭晓》，载中国长安网2020年6月4日，http://www.chinapeace.gov.cn/chinapeace/c100051/2020-06/04/content_12357186.shtml。

主动提起环境民事公益诉讼。《环境保护法》第二十四条规定，县级以上人民政府环境保护主管部门及其委托的环境监察机构和其他负有环境保护监督管理职责的部门，有权对排放污染物的企业事业单位和其他生产经营者进行现场检查。但对于政府的哪些部门在何种职权范围内可以或者应当提起环境民事诉讼，仍然尚未作出明确具体的规定。

（二）行政机关行使诉权的立场容易陷入两难境地

环保机关既是环境行政执法机关，又是行使环境监管职权的国家机关。在执法过程中，环保机关理应对发生的环境危害行为采取行政措施，或者予以行政处罚。而在其行使权力的同时，亦履行相应监管控制职责，如履职不当，将被视为监管失职，背负行政不作为或行政作为不当的处分。碍于自身权益的特殊性质，在面临"国家利益"和"社会公共利益"时，行政机关存在难以均衡的现实问题。环境民事公益诉讼不同于环境行政公益诉讼，它是以维护社会公共利益为目的的诉讼类型。虽然"国家利益"和"社会公共利益"在多数时候是一致的，但并非所有"社会公共利益"都在"国家利益"涵盖的范围以内。因此，在环境民事公益诉讼中，"国家利益"和"社会公共利益"的步伐不完全一致。行政机关会更倾向于维护国家利益，因此其作为提起环境民事公益诉讼的适格主体，可能存在无法充分行使诉权的情况，使之陷入两难的境地。

四、完善措施

（一）将行政机关在环境民事公益诉讼中的不作为纳入行政诉讼范围

行政机关作为国家权力机关，管理国家行政事务，行使行政执法权，维护国家行政秩序。而当其作为环境公益民事诉讼的提起主体时,其角色又转变为国家机关的"环境监管者",但是此两者背后代表的是不同的主体权益。鉴于行政机关对环境民事公益诉讼的参与度有待提高,我们需要采取一定的措施提高行政机关提起环境民事公益诉讼的积极性,更好地发挥其对环境保护的监督作用。首先,可以考虑将有关行政机关在环境民事公益诉讼中的不作为纳入行政诉讼法范畴,强化对行政机关的监督作用,督促其履行环境保护的职责,以减少行政机关不作为的行为。倘若行政机关没有切实履行提起和支持环境民事公益诉讼的职责,相关主体有权对行政机关提起行政诉讼,通过外部力量督促行政机关行事有所为、所为有效率。其次,适当扩大提起环境民事公益诉讼的原告范围,明确原告资格的顺位,以此填补有权提起环境民事公益诉讼的适格行政主体不作为的空白,充分发挥环境民事公益诉讼的作用和长处,维护环境公共利益。再者,如果行政机关忙于行政事务或囿于有限能力而难以提起环境诉讼,可以借助授权或委托的方式开展环境民事公益诉讼,比如尝试委托授权个人或企业来提起环境民事公益诉讼,通过授权组织或委托组织发挥其在提起环境公益诉讼中的积极效用。

(二) 环保行政机关应对环保组织给予资金和专业支持

社会背景决定了中国环保组织的社会地位不同于西方环保组织。自改革开放以来,中国社会组织不断发展壮大,逐渐成为管理公共事务的重要力量。然而,在现有法律制度的规定下,符合提起环境民事公益诉讼的适格主体数量很少,并且很大部分社会组织没有发挥应有的作用。"公益内容的多面性与不确定性,是弹性地依据社会、国家法秩序的价值概念来进行判断。因此,公益的需求可以从不同的角度来形成,因而可能造成在同一的'事件'上,会有因为'不同价值'所形成的公益的冲突。"① "环保机关的价值判断往往受制于其所代表的国家环境利益,从而无法真正代表环境公共利益诉诸法院寻求民事救济。"② 符合条件的环保组织在提起环境民事公益诉讼时,往往会受到诸多因素的制约,如缺乏相应的法律人才、提起公益诉讼的经费不足以及容易惹上麻烦等。目前,我国现有的环境民事公益诉讼主体范围有限,需要采取相应的措施来调动环保组织维权的积极性。首先,可以利用行政机关的财政盈余和公信力,支持环保组织提起环境民事公益诉讼。行政机关可以通过委托或者授权等途径,赋予环保组织一定的职权,支持其提起环境民事公益诉讼。同时发挥自身资金优势,协助专业组织提起诉讼,提升其维权能力。其次,可以鼓励通过社会捐赠等方式加快环保组织发展。资金问题一直以来都是阻碍环保组织发展壮大的重要因素,通过社会捐赠的方式筹集资金,有助于引起社会民众的共鸣,获取公众的支持。在公众的支持下,环保组织更有动力和底气提起环境公益诉讼。最后,应当允许社会组织在参与环境民事公益诉讼的同时获得相应的收入。在环境民事公益诉讼中,法律规定起诉费由起诉主体承担,给环保组织带来了不小的资金压力。应当在维权过程中给予环保组织一定的收入,将诉讼费用分散到其他主体上,如诉讼费、鉴定费、律师费甚至适当的差旅费等经过法院判决由环保责任人承担,减轻环保组织的资金负担。

---

① 胡建淼、邢益精:《公共利益概念透析》,载《法学》2004年第10期,第7页。
② 秘明杰:《环境民事公益诉讼原告之环保机关的主体资格审视》,载《内蒙古社会科学》(汉文版)2014年第1期,第80页。

第四节 公民个人

一、法律规定

《民事诉讼法》第十五条明确规定："机关、社会团体、企业事业单位对损害国家、集体或者个人民事权益的行为，可以支持受损害的单位或者个人向人民法院起诉。"在《环境保护法》和《海洋环境保护法》等环境保护相关立法中，也有关于公民对于污染、破坏环境的单位和个人有权检举和控告的相关规定。

二、典型案例

贵阳公众环境教育中心环保志愿者蔡长海诉龙兴光赔偿水环境污染损失案[①]

【基本案情】

2011年5月，贵州省清镇市屋面防水胶厂负责人龙兴光将8吨有毒化工废液倾入污水沟中，导致相连的东门河、猫跳河等河流苯超标147 682倍、苯酚超标3180倍、苯并芘超标2771.4倍。2012年6月，清镇市环保法庭以污染环境罪和非

[①] 参见《全国首例公民个人提起的环境公益诉讼案简析》，载北极星环保网2015年6月29日，http://huanbao.bjx.com.cn/news/20150629/635473-7.shtml。

法经营罪判处龙兴光有期徒刑两年半并处罚金 10 万元。根据有关部门作出的水污染治理方案，治理此项水污染，需投资 117.3 万元。蔡长海是贵阳公众环境教育中心的环保志愿者，参加了该中心发起的、以贵阳市行政辖区内的 98 条河流为环境保护与污染防治目标的"贵阳市绿色江河全民保护行动"公益活动，自愿认领了清镇市辖区内的东门河、猫跳河，并取得了贵阳市环境保护局、水利局等单位发放的贵阳市绿色江河全民保护行动巡查监督证，对污染河流的行为有检举、控告的权利。于是，蔡长海以个人名义提起民事诉讼，要求龙兴光赔偿水环境污染损失 107.3 万元。清镇市人民检察院支持起诉。

2012 年 9 月 26 日，案件在清镇市人民法院环境保护法庭公开开庭审理。经审理，认定：生态环境是人类赖以生存和发展的基础，保护生态环境人人有责，其中水资源保护是环境保护中极其重要的一个环节。在生态环境遭受破坏的情况下，根据《环境保护法》第六条、《水污染防治法》第十条的规定，任何单位和个人都有权对污染和破坏环境尤其是污染损害水环境的行为进行检举和控告。本案中，被告违反国家法律法规的规定，擅自将有毒化工废液排放至公共河流中，在造成对生态环境破坏的同时，也威胁着公众的用水安全，一切单位和个人都有权对被告的行为进行检举和控告。原告作为一名环保组织的志愿者，自愿担负巡查清镇市辖区内的东门河及其相应流域的义务。按照《贵阳市中级人民法院、清镇市人民法院关于大力推进环境公益诉讼、促进生态文明建设的实施意见》的要求，在生态环境遭受破坏、不特定的人群遭受环境污染威胁的情况下，为维护公众的利益，原告有权寻求法律的救济而提起环境公益诉讼，同时可要求被告承担立即停止侵害、排除妨碍、消除危险、恢复原状等责任。清镇市人民检察院作为国家法律监督机关，有监督法律正确实施、捍卫社会公共利益的职责，故清镇市人民检察院支持原告提起诉讼符合法律规定。根据《侵权责任法》第四条、第六十五条的规定，侵权人因同一行为应当承担行政责任或刑事责任的，不影响依法承担侵权责任，被告的违法排污行为符合不同性质法律责任的构成要件，其故意偷排已被工商部门查扣的有毒化工废液、严重污染环境的行为在承担刑事责任的同时，也应当承担环境民事责任，停止侵害，赔偿损失。最后法院判决被告承担环境污染损害赔偿款 30 万元，该款限本判决生效之日起三个月内支付，支付至清镇市环境保护局环境公益资金专用账户。

【裁判要旨】

本案作为全国首例公民个人提起的环境公益诉讼，被评为 2012 年度"中国十大公益诉讼"案例。其一，该案突破了民事诉讼要求"原告必须与本案有直接利害关系"的法律规定，冲击了 2012 年《民事诉讼法》将公益诉讼主体限于"法律规定的机关和有关组织"的规定。长期以来，法律界和法学界、媒体乃至公众，一直呼吁给予公民提起公益诉讼的主体资格；司法机关也认识到，赋予公民个人有条件地提起公益诉讼的权利可以弥补行政执法机关、法律监督机关和公益组织保护公共利益的不足。本案中公民个人能够作为独立主体提起公益诉讼具有特殊意义，推动了公益诉讼制度及理论的发展。其二，清镇市人民检察院不但支持蔡长海起诉，还派检察官出庭参加诉讼，发表支持起诉意见，这一做法得到最高人民法院的认可。最高人民法院 2015 年出台的《环境民事公益诉讼解释》对检察机关支持起诉作出相关规定。其三，本案审理过程中，在清镇市人民法院的协调下，清镇市环境保护局经批准于 2012 年 9 月开设了清镇市环境公益资金专用账户，该专项资金旨在鼓励单位和环保组织对危害环境的行为提起诉讼，并解决环境公益诉讼中环境修复以及执行救济的资金短缺问题。鉴于此，被告龙兴光依法承担的赔偿款由清镇市环境保护局监管使用，符合法律规定，符合社会公共利益，也让该案的最终胜诉获得了有效支撑。

三、实践中存在的问题

（一）环境自身特性造就主体"搭便车"心理，导致环境权主体缺失

环境具有整体、联系和流动等特殊属性，反映到环境保护上就表现为典型的公共性和弱私利性。这些性质导致公民对环境保护产生了一种"搭便车"的心理，在面对公共环境问题，特别是环境污染与破坏没有造成其个人的私利损失时，他们大多不愿、不敢也不会主动提起诉讼，由此就产生了不愿起诉、起诉主体缺失的困境。

（二）公民等其他主体在诉讼中居于弱势地位

对损害自然环境的行为进行监督无疑是对环境损害行为进行补救、改善环境的有效途径之一。自然环境是人类生存的基础和保障，环境问题本身更是有着复杂性和特殊性的特点，这就决定了环境保护者在提起环境民事公益诉讼时所面临的现实问题更加复杂和多元。一方面，对公民而言，提起环境民事公益诉讼需要专业知识和技术技能的支撑。普通公民缺乏环境保护方面的专业知识和相应的法律实施能力，也增大了公民提起环境公益诉讼的难度。另一方面，环境损害主体一般都是具有一定经济实力、从事生产和经营活动的企业法人，其背后雄厚的资金实力和法务团队使得其在环境民事公益诉讼中具有优势

地位，而公民个人在环境民事公益诉讼中处于劣势地位，双方地位实质的不平等大大降低了公民参诉的积极性和胜诉的可能性。

四、完善措施

（一）出台相应法律规章制度，弥补环境权的功能性缺陷

依据公共信托理论，让公民将一部分诉权托付给国家，能够缓解公民遇上公共环境问题时不能正面解决的退缩心理，更有效地保护公共环境。美国公民将"环境公共信托论"视为提起环境公民诉讼的重要理论基础，代行公民信托诉讼的主要是国家司法部门和环保署。具体将信托诉讼应用于公民提起环境民事公益诉讼中时，国家可将诉讼权利分配给具体的国家机关，由相应的国家机关代表国家提起诉讼，以弥补国家作为抽象主体不能亲自出庭参加起诉的缺陷。当然，当国家赋权的相关机关没有依职权向法院提起环境民事公益诉讼，或未对环境违法者做出相应的警告和通知时，公民可根据法律向法院提起行政不作为诉讼，对拥有环境保护职权的相关部门进行一定的督促，更好地保护环境权益。

（二）环保部门通过支持起诉，帮助公民个人提起诉讼

完善环境民事公益诉讼的制度设计，不仅应当明确公民提起环境民事公益诉讼的主体地位，还应对公民个人提起诉讼提供一定的资金支持或技术支持。一方面，可以发挥环境保护团体的作用。环保组织相对于个人而言，在经济、技术、组织上都更具优势。因此，环保部门可以发挥自身优势，充分利用自身拥有的专业知识与技术、设施以及人员等资源，制作环境监测报告、进行环境损害鉴定等专业事宜，为环境民事公益诉讼的原告提供支持。另一方面，环保部门可以主动加入公民个人以及法人的环境诉讼中。多方主体共同作为环境民事公益诉讼的原告，在诉讼中分别扮演不同的角色，比如环保部门的诉讼请求关注环境公益，公民个人和法人的诉讼请求则侧重环境私益，他们可以从不同角度较为全面具体地关注环境利益，各自为所代表的权益承担不同的职责。同时，鉴于环保部门参与的案件可能不仅涉及环境公共利益，也面临国家利益与环境公益的冲突，其有权选择是否以公益代表的原告身份申请加入诉讼。如果不提起诉讼，则可以在诉讼过程中发挥支持辅助作用，支持原告提出维护环境公益的诉讼请求。

第五节 环境民事公益诉讼的被告

一、理论阐释

（一）法律地位

在诉讼过程中，发表"主张"、表达意见不仅仅是原告所享有的权利，原告的诉请只是可供参考的一个方面。针对每一个争议焦点，被告同样有权利表达自己的"主张"，发表自己的见解。一般而言，要对被告的法律地位进行判断，通常需要从被告在诉讼过程中针对原告的诉讼请求所答辩的"主张"入手。具体而言，被告的"主张"又可以分为权利主张和事实主张两种类型。

其一，在环境民事公益诉讼中，被告的权利主张可以大致归结为以下三点。一是认诺，对于原告的诉讼请求，倘若被告认为是合理的，就会通过认诺的方式承认其部分或全部主张，认诺实质上是被告对原告的诉讼请求表示认同和支持。二是异议，对于原告的诉讼请求，倘若被告认为不合理，就可以通过异议的方式反对原告的诉讼请求，指出其不合理性，并请求法院公平处理。即是对原告诉求的部分否定。三是抗辩，抗辩往往发生在被告认为原告所主张的诉讼请求缺乏正当性基础的情况下，被告通过抗辩，并对抗辩进行论证，反驳原告不正当的诉求，即抗辩是对原告诉讼请求的彻底否定。

其二，在环境民事公益诉讼中，被告的事实主张主要包括两个方面。一方面，针对原告提出的事实主张，被告可以通过否认、不知、自认和沉默这四种方式予以回应，以此表达对原告诉讼请求的态度。另一方面，在诉讼过程中，倘若被告针对原告的诉讼请求提出抗辩，此时，被告往往会提出新的事实主张，以证实并支持其抗辩，来完成诉求表达和自我保护。

从权利主张和事实主张两个角度进行切入，可以很好地对环境民事公益诉讼中被告的法律地位进行定位与分析。对被告的法律地位进行清晰的认知与界定，对于环境民事公益诉讼案件的审理具有举足轻重的作用。其原因分为以下两点：第一，只有确定被告的法律地位，确定被告实施了污染环境等破坏生态环境或资源保护的行为，原告提起诉讼才是合理的；第二，由于在环境民事公益诉讼案件的审理过程中，被告需要承担相应的举证责任，具体来说，证明加害行为与损害后果之间不存在因果关系的证明责任需要由被告承担。因此，案件结果很大程度上取决于被告的举证能力。

（二）理论争议

1. 被告的反诉权利

"环境民事公益诉讼的被告能否提出反诉"这一问题在理论界具有较大争议，产生了两种截然不同的观点。

以江伟教授为代表的学者认为环境民事公益诉讼的被告不能提出反诉。第一，反诉会使诉讼变得更加复杂，很容易造成原告和被告身份模糊以及案件审理程序混乱等问题，由此将降低环境民事公益诉讼案件的司法效率。第二，被告完全可以另行提起诉讼主张其权利，反诉显得多此一举，徒增环境民事公益诉讼案件的司法难度。第三，倘若赋予被告提出反诉的权利，部分受害人会基于风险考虑选择不起诉，这对于环境民事公益诉讼司法体制的完善会形成阻力。第四，允许被告提出反诉与反诉的法理相悖，因为在环境民事公益诉讼案件中，被告不可能提出与本诉在诉讼标的、诉讼请求或案件事实方面存在牵连关系的独立的反请求。

以廖中洪教授为代表的学者认为环境民事公益诉讼被告有权提出反诉。第一，禁止或限制被告提出反诉，本质上是对被告反诉权利的剥夺，如此一来，被告的反诉权利的缺失将导致原告和被告处于相对不平等的法律地位，这对被告而言是有失公平的。第二，环境民事公益诉讼仍应当遵循民事诉讼程序制度设计的基本法理，环境民事公益诉讼案件归根结底依然属于民事诉讼案件，应该遵循我国民事诉讼制度的基本原则和流程，这有利于司法体系的完善与统一，有助于构建公正的司法体系。第三，在绝大多数情况下，被告是否提起反诉对裁判结果的影响是非常小的，通常情况下，原告会在已搜集到相当程度的证据并在有胜诉把握的基础上起诉。

2. 多个被告的责任分担

根据《民法典》第一千二百三十一条的规定，在环境民事公益诉讼中，一旦出现两个以上污染者污染环境，污染者承担责任的大小根据污染物的种类、排放量等决定。由于该条款的法律解释存在较大空间，理论界产生了较大分歧。具体来说，学界对该条款的解读主要有以下两种论说。第一种解读认为，几乎所有的排污主体都应当对受害者承担连带责任，如果是同一片区域的排污主体，在其中一部分排污主体对受害者履行了全额赔偿义务的前提下，这部分已经履行义务的主体有权要求其余的排污主体对其污染行为承担后果并索取应得的补偿，排污主体内部责任的分配遵循一定的标准严格执行，根据污染物的种类、排放量等分配各个主体的赔偿责任份额。第二种解读认为，排污主体赔偿责任的界定以及赔偿范围不应该是无差别的，按份责任规则才是最合适的方法。因此，排污主体应该向受害者承担按份责任。①

（三）比较研究

1. 中美环境民事公益诉讼救济手段和责任方式的比较

美国联邦法律规定环境民事公益诉讼的救济方式主要包括禁令、民事处罚、罚款基金以及和解协议四种形式。禁令的本质是对被告的违法行为进行阻止或者纠正，通过限制违法者的行为达到目的，其本质上是一种行为限制而非经济救济方式。与禁令不同，民事处罚是美国环境民事公益诉讼救济手段中典型的经济救济方式。值得一提的是，民事处罚收取的罚金与赔偿基金通常是交由美国联邦环保局进行使用和管理的，这些资金都在各个专项环境保护项目中得到了充分利用，以实现环保事业的建设。罚款基金实质上是由美国财政部进行征收，然后

---

① 张健、郑轶：《环境民事公益诉讼研究述评》，载《法制博览》2020年第22期。

以拨款的形式拨付给环保局。倘若环境民事公益诉讼案件的原、被告双方选择了和解协议这一处理问题的方式,那么损害赔偿责任的分担和具体赔偿金额的确定便由原、被告双方协商决定。如此一来,被告缴纳"罚金"的对象由国家财政部变成了原告,相关罚金也就不再被纳入国库。

根据我国法律规定,在环境民事公益诉讼中,原告可以要求被告承担的责任方式有停止侵害、排除妨碍、消除危险、恢复原状、赔偿损失和赔礼道歉六种。由此可见,在救济手段方面,中美两国的处理方式较为统一,包括财产型救济手段和非财产型救济手段。但在具体细节上存在一定的偏差。首先,在财产型救济手段方面,我国规定赔偿损失的目的在于使受污染的环境尽快恢复原状,同时起到惩罚被告的作用。而美国设置高额的罚金,是为了对环境污染者起震慑作用。其次,在非财产型救济手段方面,我国更加注重人文精神层面的关怀,要求被告公开进行赔礼道歉,安抚受害者情绪。这其实是我国环境民事公益诉讼司法案件中特有的一种救济手段,主要强调精神方面的救济责任的承担。让被告通过赔礼道歉的方式,一方面请求受害者的原谅,另一方面则接受来自各方的道德谴责。

2. 中美环境民事公益诉讼费用的比较

美国环境民事公益诉讼的诉讼费包括三类:案件受理费、申请费和其他诉讼费用。为保证环境民事公益诉讼的有效实施,美国采取了一系列的激励机制,主要有两个目的:一是避免原告因担心败诉需要承担对方诉讼费用从而不起诉或者撤诉,二是不单独设立程序来判决律师费的归属,使诉讼效率更高。①

我国的诉讼费包括案件受理费、申请费、鉴定人和证人等人员在出庭日期发生的交通费、住宿费、生活费和误工费等一系列费用。根据《环境民事公益诉讼解释》第二十二条的规定，原告请求被告承担检验、鉴定费用，合理的律师费等为诉讼支出的其他合理费用，人民法院可以依法予以支持。

不难发现，在环境民事公益诉讼费用结构和分配方式上，中美两国存在较大差异。在费用的具体类型上，美国的诉讼费用由案件受理费和当事人费用组成，而我国的诉讼费由案件受理费，申请费以及鉴定人、证人等人员在出庭日期发生的交通费、住宿费、生活费和误工费等等组成。在分配方式上，美国为当事人各自承担诉讼费用，而我国则是由败诉方承担诉讼费用。

3. 中美环境民事公益诉讼被告范围的比较

美国环境民事公益诉讼的被告分为直接被告和潜在被告。直接被告是指违反法律法规的第一责任人，而潜在被告则是对这一范围所进行的扩张。《资源保护和循环利用法》规定，在环境民事公益诉讼案件中，不能随意指认潜在被告。通常来说，潜在被告的范围涵盖所有违反法律规定的人，包括但不限于直接违反这一法律规定的标准、法规、要求、禁止或者命令的主体。这些主体不仅可以是自然人，也可能是生产商、运输商、运营商等法人，甚至可以是不履行本法规定职责的环境保护署署长。

在我国，对于环境民事公益诉讼案件的被告所作的规定与

---

① 左忠杰：《环境民事公益诉讼的费用问题研究》，上海师范大学2020年硕士论文。

美国存在一定差异。一般而言，环境民事公益诉讼的被告是指被原告进行指控的违法行为人。这些行为人通常会因对社会总体利益作出损害、对环境以及对生态系统造成严重破坏等行为而被指控，包括自然人、法人与其他组织，其中的自然人在司法实践中主要表现为个体工商户。①

通过中美两国环境民事公益诉讼被告范围的比较，不难发现两国在被告这一主体的内涵定义与范围界定方面存在一部分差异化的认知。在美国环境民事公益诉讼相关案件中，被告所覆盖的范围相对来说更加广泛一些，包括了潜在被告这一主体。而在我国环境民事公益诉讼相关案件中，被告通常是对环境造成实质性危害的或者对环境利益造成实质性损害的自然人、法人或者其他组织。因此在我国，行政机关及其工作人员并不能够纳入环境民事公益诉讼案件被告人的范围。

4. 中美环境民事公益诉讼可诉范围的比较

美国与我国的不同之处还在于美国的环境民事公益诉讼可诉范围具有特定性，即不仅要求被告的行为具有违法性，还要求发生了实际损害。而我国的可诉范围规定得较为宽泛，任何损害环境公共利益的行为，皆可归入诉讼范围。其具体包括两个方面，分别体现在行为和结果上：一方面，任何损害、破坏以及污染生态环境、人居环境的行为都被纳入诉讼范围；另一方面，所有对生态系统的自我修复功能造成破坏，而产生了实质性的损害结果导致自然环境受到损害，也同样包括在诉讼范围之内。

我国和美国在损害结果方面的认识大致相同。在损害结果

---

① 李艺佳：《中美环境民事公益诉讼比较研究》，长春理工大学2019年硕士学位论文。

的认定方面,不仅遭受经济损失的受害人可以提起诉讼,其他权利(如生命权、健康权)受到侵害的受害人同样可以提起诉讼。在损害行为方面,我国遵循的原则是无论被告是否实施违法行为,只要其行为对周围环境造成了负面影响,对环境造成了实质性破坏,损害行为就成立,原告就可以就损害行为提起诉讼。

二、实践观察

(一)法律规定

从《民事诉讼法》第五十五条规定可以看出,环境民事公益诉讼的被告往往是实施了污染环境等破坏生态环境或资源保护的行为,损害社会公共利益的行为人。《民法典》第一千二百二十九条规定:"因污染环境、破坏生态造成他人损害的,侵权人应当承担侵权责任。"这里的责任主体除了自然人,还包括法人。

(二)主要特点

1. 地域分布

据统计,2015年以来,江苏、山东、云南、贵州、海南等地成为环境民事公益诉讼案件多发地区,原因呈现地域差异。一是江苏、山东等地经济发达,GDP总量高,与经济发展相伴而生的环境问题也较为突出,大型重工业产业发展给环境带来了较大的破坏。二是云南、贵州、海南等地作为国内著名旅游目的地,经济发展离不开良好的环境支撑,因此环境司法体系较为完善,基本建成了"高级法院—中级法院—基层法院"的三级环保法庭体系。

随着我国经济蓬勃发展,一方面,公民整体维权意识有了很大提升；另一方面，随着经济发展衍生的环境问题层出不穷。然而尽管如此，在法院受理的案件中，环境民事公益诉讼案件的占比仍然相对较少，这说明我国各地环境司法建设都还存在或多或少的局限性，还有较为广阔的提升空间。

2. 法人被告占比较大

在环境民事公益诉讼案件中，企业法人为占比最高的一类被告主体。而在众多的企业当中，制造业企业被提起环境民事公益诉讼的案例占据主导。这类企业存在比较显著的特点：第一，相对于其他企业，制造业企业对环境造成的破坏力度要大得多，这类企业往往想在排污处理上进行成本控制，因此很容易造成较大的污染问题；第二，制造业在整体规模和体量上，都是其他行业难以企及的。制造业本身的注册资本、年产值等数值在我国产业结构中的占比都是相当高的，因此对于整个社会的影响力也更大，其污染问题相对来说也会更为严重。但相对而言，制造业企业作为被告，其责任承担、赔偿损失等方面，也都具有更大的示范效应。

3. 再次侵权可能性较大

与自然人相比，企业法人在受到法律制裁后有更大的概率再次做出侵害环境的行为。首先，倘若破坏环境导致的社会成本低于不破坏环境存在的经济成本的时候，企业出于经济利益的考量，往往不惜以污染环境为代价进行生产，在这个过程中，污染物的排放等问题会持续不断地对环境造成破坏。其次，部分企业由于社会地位较高，掌握一定的资源，存在一定的寻租空间，往往会不遗余力地收买环境执法人员，从而实现自身利润最大化。最后，对于有些利润空间庞大的企业来说，败诉的成本远远小于停止破坏环境所要付出的经济成本，如此一来，即使在案件中败诉，败诉所要承担的费用对其而言微不足道，通过保持原有的生产经营所产生的利润完全可以抵消掉，甚至远远超过败诉所造成的损失。

(三) 实践中存在的问题及完善措施

1. 存在问题

一是自然人被告破坏环境的行为较为隐蔽。首先，自然人污染环境时大多是个别人或少数人，少有以群体形式集体实施污染行为的情形。较少的人数使得知晓该违法行为的人数不多，同时作为利益共同体，他们很难产生"自首"的动机和行为。其次，自然人污染环境的能力不及法人被告。自然人虽然也往往是贪图经济利益而做出污染环境的行为，但受到资金、技术等条件的限制，对环境的污染程度远不及法人被告。然而自然人被告污染环境的行为一旦持续较长时间，同样也不可避免地会给环境造成巨大损害，因而可对其行为提起诉讼。

二是证据搜集困难。一方面，由于自然人损害环境的行为比较隐蔽，影响或损害在短期内可能难以显露出来，从而给搜集证据造成一定困难。另一方面，搜集环境污染证据的技术性强，需要运用高科技检测手段，但目前我国专职的环境科学技术人员和环境法律专家还比较匮乏，因此收集环境污染证据的能力和提起环境诉讼的能力还较为欠缺。尽管司法解释规定，对于审理环境民事公益诉讼案件需要的证据，人民法院认为必要的，应当调查收集，但在人力、物力有限的情况下，法院搜集证据的压力较大、效果也有限。

三是完全依靠行政力量监督纠正环境违法行为存在一定局限性。首先，行政机关虽然被法律赋予了环境保护职责，但政府的资源是有限的，仅仅依靠行政机关的执法资源难以对全国范围内每一个污染源实施及时有效的监管，短缺和滞后的环境执法难以满足环境保护的需求。其次，受本地经济发展等因素的影响，行政机关出于地方保护主义或基于本单位、部门利益的考量，有时对一些重大的环境破坏或污染事件不处罚或处罚畸形。此外，行政机关违法的情形也不可避免，如不依法履行环保职责、徇私舞弊等。

四是中小企业环境责任的承担容易被忽视。其一，对于《民法典》第一千二百三十一条，理论界存在关于二人以上共同污染环境造成损害究竟是按份责任还是连带责任的讨论，其背后的实质其实是在探究大企业在其中的责任承担方式。主流观点强调按份责任而非连带责任，虽然起到了对于企业行为自由的保护作用，但对于中小企业而言，则是一种责任的缺失。其二，中小企业取得排污许可证的难度相对较大，其违法排污行为有时较为被动。而较大的企业往往是有证排污，最终并不需要承担严重后果。因此，中小企业的排污行为可能会为其招致较严重的赔偿责任，这将使得中小企业的生存空间面临一定挑战。因此，不能片面强调大型企业的责任而忽视对中小型企业承担责任的考量。

2. 对策和建议

一是培养公众的环保意识。由于受教育程度不同等原因，公众的环保意识和守法意识参差不齐，大部分环境民事公益诉讼中的被告做出违法行为都是因为环保意识和守法意识淡薄。培养环保意识、普及环保相关法律常识有助于从根本上促进我国环境的健康发展。首先，培养环保意识必须从学校教育入手。需要完善当前的教育体系，将生态环境保护相关内容纳入学生的日常学习之中，设置生态环境保护的相关课程，使人们从小自觉培养良好的文明素质，养成环保意识。其次，培养环保意识也要注重对环保理念的宣传，从而实现对人们行为的正向引导，营造环境保护绿色文明的社会氛围。在日常生活中，社区要加强对于生态环境保护的宣传力度，组织专门的宣传小组开展相关工作，全方位保障工作落实，同时积极利用网络、公众号等渠道呼吁人们提高对于生态环境保护的关注度，为生态环境保护贡献自己的力量。最后，培养公众环保意识还要注重提高司法人员的专业素质。加强对司法人员的专业培训，通过对生态环境保护相关法律法规的培训等，不断磨练其专业能力和专业素养。提高司法人员的专业素质有助于在环境相关司法案件得到公平公正的裁判，保障社会公共利益不受损害，让破坏环境的行为人承担应负的责任。

二是激发公众参与积极性。由于自然人损害环境的行为较为隐蔽，充分发挥公众检举揭发环境污染行为的积极性显得尤为重要。美国在激发公众参与积极性方面经验颇丰，早在1969年就已经形成了环境民事公益诉讼的理论基础，公众参与理论被环境保护制度设计者安排到制度实施的各个环节之中。可以说，公众参与理论构成了环境民事公益诉讼的理论基础，为环境民事公益诉讼制度奠定了理论基调。我国在2018年颁布的《环境影响评价公众参与办法》也提出，要通过建立畅通稳定的公众参与体制机制，最大程度鼓励公众参与到环境民事公益诉讼活动中。而要充分调动公民的积极性可以借助网络力量和各人媒体平台的资源，通过传统媒体和新媒体的有机结合，一方面增加环境民事公益诉讼相关案件司法过程信息和裁判结果信息的公开透明度，向全社会进行展示和宣传；另一方面也同时注重向公众普及相关法律知识，从而提高公众举报环境污染行为的意识，促进公众行动力的提升，进而使得公民能够积极主动参与到环境民事公益诉讼行动当中。

三是提高检察机关参与度。第一，注重拓宽救济渠道，健全检察机关参与环境民事公益诉讼的机制。当前我国环境民事公益诉讼案件暴露了行政机关在依法履职和全面履职方面的问题，检察机关的深度参与可以改善环境民事公益诉讼案件中行政责任追究过多，民事赔偿相对欠缺的现状。第二，适当扩张检察机关的环境民事公益诉权。通过这种方式解决在环境民事公益诉讼案件中，原告由于资本不足、力量薄弱等原因而受到相对强势的被告主体来自社会地位、法律资源等各方面压制的问题，从而最大化地保障公共利益。

四是加强惩治后的二次监管。环境一旦被污染，往往难以补救。由于法人被告再次侵权的可能性更大，因此更要加强二次监管，杜绝其再次发生环境污染行为。建议主管部门对曾经造成过环境污染的行为人登记在册，定时检查其生产过程是否对环境造成二次损害。同时，可以设立社区环境委员会，与行政机关共同打击环境违法行为，发动公众力量监督企业等主体是否存在违法排污行为，有效监控污染源，从而改善环境执法状况。

第四章 ▶ 环境行政公益诉讼的主体

行政公益诉讼的实质是作为国家法律监督机关的检察机关以诉讼方式实现国家对行政执法的监督,是中国司法的一项重大制度创新,对中国特色社会主义行政管理法律制度、诉讼制度以及检察制度的改革和完善具有重要意义:对于行政管理法律而言,它通过对涉及公共利益损害的行政管理机关提起诉讼,实现对行政权运行的司法监督;对于诉讼制度而言,它因维护公共利益而形成法律监督者与被监督者之间的制约之诉;对于检察制度而言,它将提起行政公益诉讼纳入检察机关的职能范围之内,在把握检察权本质的基础上扩大了检察制度的涵摄范围。因此,行政公益诉讼对我国行政管理法律制度、诉讼制度和检察制度而言,是一种突破性的制度创新,必将在国家治理现代化建设中发挥积极作用。①

---

① 杨春雷:《在推进国家治理现代化进程中充分彰显行政公益诉讼制度效能》,载《人民检察》2020年第6期。

第一节　作为起诉人的人民检察院

一、法律规定

依据我国现行法律法规和司法解释，人民检察院是我国环境行政公益诉讼制度的唯一适格起诉主体。依据《行政诉讼法》第二十五条第四款的规定，人民检察院在履行职责中发现生态环境和资源保护等领域负有监督管理职责的行政机关违法行使职权或者不作为，致使国家公共利益或者社会公共利益受到侵害的，应当向行政机关提出检察建议，督促其依法履职；行政机关不依法履行职责的，人民检察院依法向人民法院提起诉讼。同检察机关提起民事公益诉讼一样，2015年，最高人民检察院出台的《公益诉讼试点工作办法》第四十二条规定：人民检察院以公益诉讼人身份提起行政公益诉讼。试点期间，最高人民法院发布的几份文件也使用的是"公益诉讼人"这一称谓。此后，《行政诉讼法》修订时则并未规定检察机关是以"公益诉讼人"的身份提起的诉讼。在具体的司法实践中，法院和检察院对修法后"公益诉讼人"这一称谓是否沿用的态度截然不同。检察机关认为可以继续适用，法院则认为《行政诉讼法》中没有明确规定的内容不能再适用。①

---

① 刘艺：《检察公益诉讼的诉权迷思与理论重构》，载《当代法学》2021年第1期。

2018年,"两高"《检察公益诉讼解释》第四条修改为:人民检察院以公益诉讼起诉人身份提起公益诉讼。2020年修正的"两高"《检察公益诉讼解释》沿用了"公益诉讼起诉人"这一提法。

二、确立背景

提起行政公益诉讼的主体资格是进入行政公益诉讼程序的门槛之一。在行政公益诉讼制度确立以前,理论界对这一问题争议非常大。有的学者提出,只有特定的国家机关才有权提起行政公益诉讼;有的学者认为,只有特定的国家机关和社会组织可以提起行政公益诉讼;也有学者认为,特定的国家机关、社会组织以及权利义务受到行政机关行政行为直接影响的行政相对人或者利益第三人都有权提起行政公益诉讼;还有学者认为,有权提起行政公益诉讼的主体的范围应当扩大到全体公民。

理论界对这一问题基本达成共识的是特定的国家机关——主要是检察机关是提起行政公益诉讼的适格主体。因为检察机关是宪法明确的国家法律监督机关,监督依法行政是这一职权的应有之义,故应当允许检察机关代表国家提起行政诉讼,对行政机关进行监督。中国农工民主党中央委员会在全国政协十届五次会议上提出提案,指出检察机关提起行政公益诉讼的三大理由:其一,检察机关是直接对人大负责的司法机关,由其代表国家提起诉讼有法可依;其二,检察机关作为法定监督机关,法律地位超脱,不易受干扰;其三,检察机关拥有一支长期从事法律工作的专业队伍。①

其他国家和地区的立法大多将社会组织纳入有权提起行政公益诉讼的主体范围。比如，意大利允许被行政机关证明了的、有信誉的团体提起诉讼；美国已承认一些保护历史文物的公民团体、公共福利社团、环境组织等享有行政公益诉讼的原告资格；德国、日本、英国以及中国台湾地区都授予公益组织起诉权。由于社会组织的独立性、专业性以及有一定经费、人员支持，行政公益诉讼是有一定可行性的。目前国家行政有向社会行政发展的趋势，未来除"国家监督"以外，适当拓展"社会监督"也是大势所趋，或可参照《民事诉讼法》将社会组织也纳入行政公益诉讼的起诉主体。

理论界反对公民提起行政公益诉讼的声音比较大，其原因主要包括：其一，权利义务受到行政机关、行政行为直接影响的行政相对人或者利益第三人提起的是行政私益诉讼。尽管从客观效果来看可能维护或促进了公共利益，但其主观目的仍是维护自身合法权益，欠缺公益性与普遍性。其二，允许公民提起行政公益诉讼容易导致"滥诉"风险。人人都可以告政府，会极大地影响行政效率，也容易导致司法资源的浪费。比起将公民纳入行政公益诉讼的适格原告，笔者认为存在更为高效的公民的参与渠道，如可以畅通公民发现、举报行政公益诉讼线索来源的渠道——公民认为有提起行政公益诉讼必要的线索，可以主动提供给有权起诉的主体，再由有权起诉的主体进行处理等。

---

① 胡卫列：《行政公益诉讼制度的建构》，载《行政法学研究》2012 年第 2 期。

三、典型案例①

（一）案例一：湖北省十堰市郧阳区人民检察院诉郧阳区林业局行政公益诉讼案

【基本案情】

2013年3月至4月，金兴国、吴刚、赵丰强在未经县级林业主管部门同意、未办理林地使用许可手续的情况下，在湖北省十堰市郧阳区杨溪铺镇财神庙村五组、卜家河村一组、杨溪铺村大沟处，相继占用国家和省级生态公益林地0.28公顷、0.22公顷、0.28公顷开采建筑石料。2013年4月22日、4月30日、5月2日，郧阳区林业局对金兴国、吴刚、赵丰强作出行政处罚决定，责令金兴国、吴刚、赵丰强停止违法行为，恢复所毁林地原状，并分别处以56 028元、22 000元、28 000元罚款，限期十五日内缴清。金兴国、吴刚、赵丰强在收到行政处罚决定书后，在法定期限内均未申请行政复议，也未提起行政诉讼，仅分别缴纳罚款20 000元、15 000元、20 000元，未将被毁公益林地恢复原状。郧阳区林业局在法定期限内既未催告三名行政相对人履行行政处罚决定所确定的义务，也未向人民法院申请强制执行，致使其作出的行政处罚决定未得到全部执行，被毁公益林地未得到及时修复。2015年12月12日，郧阳区人民检察院向郧阳区林业局发出检察建议，建议区林业局规范执法，认真落实行政处罚决定，采取有效措施恢复森林植被。区林业局收到检察建议后，在规定期限内既未按检察建

---

① 参见最高人民检察院2016年环境行政公益诉讼指导案例，载搜狐网2017年10月30日，https://www.sohu.com/a/201088842_693202。

议进行整改落实，也未书面回复。郧阳区人民检察院经调查核实，没有公民、法人和其他社会组织因公益林被毁而提起相关诉讼。2016年2月29日，郧阳区人民检察院以公益诉讼人身份向郧阳区人民法院提起行政公益诉讼，要求法院确认区林业局未依法履行职责违法，并判令其依法继续履行职责。2016年5月5日，郧阳区人民法院作出一审判决：确认郧阳区林业局在对金兴国、吴刚、赵丰强作出行政处罚决定后，未依法履行后续监督、管理和申请人民法院强制执行法定职责的行为违法；责令区林业局继续履行收缴剩余加处罚款的法定职责；责令区林业局继续履行被毁林地生态修复工作的监督、管理法定职责。

【指导意义】

该案被最高人民检察院作为2016年环境行政公益诉讼指导案例发布。负有监督管理职责的行政机关对侵害生态环境资源的行为人进行行政处罚后，怠于履行法定职责，既未依法履行后续监督、管理职责，也未申请人民法院强制执行，导致社会公共利益未脱离受侵害状态，经诉前程序后，人民检察院可以向人民法院提起行政公益诉讼。

本案的指导价值体现在两方面：

第一，检察机关提起公益诉讼的前提是公共利益受到侵害。公共利益可以界定为：由不特定多数主体享有的，具有基本性、整体性和发展性的重大利益。在实践中，判断被侵害的利益是否属于公共利益范畴，可以从以下几个方面来把握：一是公共利益的主体是不特定的多数人，具有开放性。二是公共利益是有关国家和社会共同体及其成员生存和发展的基本利益，如公共安全，公共秩序，自然环境和公民的生命、健康、自由等。三是公共利益具有整体性和层次性，可以分享，但不可以分割；不仅有涉及全国范围的存在形式，也有某个地区的存在形式。四是公共利益具有发展性，始终与社会价值取向联系在一起，会随着时代的发展变化而变化，也会随着不同社会价值观的改变而变动。五是公共利益涉及不特定多数人，涉及公共政策变动，涉及公权与私权的限度，代表的利益都是重大利益。六是公共利益具有相对性，受时空条件的影响，在此时此地认定为公共利益的事项，彼时彼地可能应认定为非公共利益。

第二，行政机关没有依法履行法定职责与国家和社会公共利益受到侵害是检察机关提起行政公益诉讼的必要条件。判断担有监督管理职责的行政机关是否依法履职，关键要厘清行政机关的法定职责，以及核实其是否依法履职到位；判断国家和社会公共利益是否受侵害，要看违法行政行为造成国家和社会公共利益的实然侵害，发出检察建议后要看国家和社会公共利益是否脱离被侵害状态。

（二）案例二：福建省清流县人民检察院诉清流县环保局行政公益诉讼案

【基本案情】

2014年7月31日，福建省三明市清流县环保局会同县公安局现场制止刘文胜非法焚烧电子垃圾，当场查扣危险废物电子垃圾28 580千克并存放在附近的养猪场。2014年8月，清流县环保局将扣押的电子垃圾转移至不具有贮存危险废物条件的东莹公司仓库存放。2014年9月2日，清流县公安局对刘文胜涉嫌污染环境案进行刑事立案侦查，并于2015年5月5日作出扣押决定书，扣押刘文胜污染环境案中的危险废物电子垃圾。清流县环保局未将电子垃圾移交公安机关，于2015年5月12日将电子垃圾转移到不具有贮存危险废物条件的九利公司仓库存放。因刘文胜涉嫌污染环境罪一案事实不清，证据不足，清流县人民检察院于2015年7月7日作出不起诉决定，并于7月9日向县环保局发出检察建议，建议其对扣押的电子垃圾和焚烧后的电子垃圾残留物进行无害化处置。2015年7月22日，清流县环保局回函称，拟将电子垃圾等危险废物交由有资质的单位处置。2015年12月16日，清流县人民检察院得知县环保局逾期仍未对扣押的电子垃圾和焚烧电子垃圾残留物进行无害化处置，也未对刘文胜作出行政处罚。清流县人民检察院经调查核实，没有公民、法人和其他社会组织因县环保局非法贮存危险物品而提起相关诉讼。2015年12月21日，清流县人民检察院以公益诉讼人身份向清流县人民法院提起行政公益诉讼，诉求法院确认清流县环保局怠于履行职责行为违法并判决其依法履行职责。2015年12月29日，三明市中级人民法院作出行政裁定书，指定该案由明溪县人民法院管辖。2016年1月5日，清流县环保局向三明市环保局提出危险废物跨市转移，并于1月11日得到批准。2016年1月18日，清流县公安局告知县环保局，清流县人民检察院对犯罪嫌疑人刘文胜作出不起诉决定。1月23日，清流县环保局对刘文胜作出责令停止生产并对焚烧现场残留物进行无害化处理及罚款2万元的行政处罚。同日，清流县环保局将涉案的28 580千克电子垃圾交由福建德晟环保技术有限公司处置。鉴于清流县环保局在诉讼期间已对刘文胜的违法行为进行行政处罚并依法处置危险废物，清流县人民检察院将诉讼请求变更为确认被告清流县环保局处置危险废物的行为违法。2016年3月1日，明溪县人民法院依法作出一审判决，确认被告清流县环保局处置危险废物的行为违法。

【指导意义】

福建省清流县人民检察院诉县环保局不依法履行职责一

案，受到社会各界广泛关注，产生积极反响。福建省政府下发文件充分肯定检察机关提起公益诉讼的积极作用，指出"该案充分体现了人民检察院作为国家法律监督机关，在促进依法行政、推进法治政府建设中发挥的积极作用。该案在福建省乃至全国都有典型的示范意义，建议由环境保护督察办公室在环保系统内通报，吸取教训"。福建省政府采纳检察机关的跟进监督建议，要求"省环境保护督察办公室开展环境专项督察，对各地相关部门不积极落实环保法律法规等行政不作为加强督察，督促相关部门予以整改，严肃问责"。中央电视台等主流媒体均对该案的办理进行了报道并给予积极评价。

　　该案的指导意义主要体现在两个方面：第一，检察机关提起行政公益诉讼，必须严格履行诉前程序。提起公益诉讼前，人民检察院应当依法督促行政机关纠正违法行政行为、履行法定职责。诉前程序的主要目的在于增强行政机关纠正违法行政行为的主动性，也是为了最大限度地降低诉讼成本和节约司法资源。通过诉前程序推动侵害公益问题的解决，不仅是检察机关提起公益诉讼工作的重要内容，也是公益诉讼制度价值的重要体现。只有当在行政机关应当纠正时却拒不纠正，坚持不履行法定职责，致使国家和社会公共利益持续处于受侵害状态的情况下，检察机关才应当提起行政公益诉讼。检察机关提起行政公益诉讼仅是在公共利益严重受损而无相关救济渠道时的一种司法补救措施，具有救济性和终局性。第二，依法适时变更诉讼请求。《公益诉讼试点工作办法》第四十九条规定，在行政公益诉讼审理过程中，行政机关纠正违法行为或者依法履行职责而使人民检察院的诉讼请求全部实现的，人民检察院可以变更诉讼请求，请求判决确认行政行为违法，或者撤回起诉。该条规定的目的在于实现诉讼请求的同时，提高诉讼效率，节约司法资源。

四、实践中存在的问题及完善措施

我国环境保护法治化进程才刚起步,相较于我国所面临的日益严峻、复杂多变的环境问题,环境行政公益诉讼制度还有较大的完善空间。

(一)需要针对行政主体违法行为所侵害的法益进行清晰的界定

针对行政主体违法行为所侵害的法益之界定,尚有广阔的讨论探究空间。

一方面,在环境行政公益诉讼实践中,国家利益与社会公共利益常常呈现交织状态,难以对行政主体的违法行为所侵害的法益进行清晰的界定。在生态、环境和资源保护领域,实际上存在着国家利益与社会公共利益两种不同的利益类型:一方面,国家环境利益主要体现为国家所有的自然资源的利益;另一方面,环境公共利益实质上是一种自然人享受生态服务功能的共同利益,这种生态服务功能独立于资源权属。[1] 然而对于两种不同的利益类型,在实践中通常是交织在一起的,难以明显区分,存在因缺乏明确规定而导致的界定不清问题。

另一方面,"公共利益"本身概念内涵难以确定。《民法典》《民事诉讼法》《行政许可法》等诸多法律法规都涉及"社会公共利益"这一概念,即使在不同法律部门都有继承于《宪法》中"公共利益"涵义的共通性,但在行政诉讼法体系内并没有对这一不确定的概念予以明确,使得其内涵与边界十

---

[1] 肖建国:《利益交错中的环境公益诉讼原理》,载《中国人民大学学报》2016年第2期。

分模糊。在政治学意义上,公共利益的本质是政府以超越个人利益的方式所追求的利益,它有三个组成部分:一是整体利益,即代表整体决策体系的利益,无法分割成为个别利益;二是共享利益,这属于个人利益,但为社区全部成员所享有;三是个别利益,这是个人而非全体所能享有的利益,也非所有个体均能享有的利益。但是,这种政治学意义上的公共利益标准并不是一种法律标准,法律意义上的公共利益(public interest)泛指对象不确定的为社会全体或大多数人享有的利益。[①] 具体到行政公益诉讼领域,"社会公共利益"的界定应当采取行政法标准,即"与行政权密切相关,且属于行政执法的目的范畴,涉及环境保护、产品质量监督、国有资产处分、公共资金使用、公共安全维护、税收征管、行政处罚等关系不特定或多数人之人身、财产等合法权益的公共事务,并且属于行政机关'法不授权不可为,法律授权必须为'的基本范畴。[②]

(二)需要进一步拓宽社会力量参与环境行政公益诉讼的途径

我国行政公益诉讼制度对于主体资格方面的限定过多,导致起诉主体面临着过于单一的问题。放眼其他国家,美国早在1970年就确立了公民诉讼和集团诉讼制度,日本也取消了诉讼和居民诉讼制度,丰富了起诉主体资格,赋予更多主体起诉权。在某种意义上,这些措施或做法保证了行政公益诉讼得到最大程度的运行,有力地保障了环境违法行为得以察觉并受到惩罚。然而在我国,除了检察院之外的其他组织或个体尚且不

[①] 陈新民:《宪法基本权利之基本理论》,三民书局1992年版,第134页。

[②] 姜涛:《检察机关提起行政公益诉讼制度:一个中国问题的思考》,载《政法论坛》2015年第11期。

能在环境行政公益诉讼中占据一席之位，只享有举报和投诉的权利。由此，相较于域外环境行政公益诉讼，我国仅仅依靠检察机关作为起诉主体，难以调动和发挥社会主体力量，在起诉主体资格方面确实存在较为单一的问题，需要进一步拓宽社会力量参与行政公益诉讼的渠道。

（三）需要增强检察建议的刚性

检察建议刚性不足的问题影响环境行政公益诉讼制度发挥效用，是困扰环境行政公益前置程序的重要问题。我国环境行政公益诉讼前置程序主要采取检察建议的形式，然而，对我国现行的法律法规、司法解释进行考察，不难发现，对于检察建议的效力并没有明确的说明。《公益诉讼试点工作办法》对检察建议的主体和范围进行了规定。但就其效力而言，检察机关应当向有关行政机关提出检察建议，目的在于督促其纠错或依法履职。以上表述中的"应当"可以理解为是检察院的一项义务，而非具有强制力的权力。所以，可以从明确检察建议的适用范围、适用程序、适用格式等方面做起，以及做好前置程序与后续程序之间的衔接准备工作，改进环境行政公益诉讼程序。

第二节　作为被告的行政机关

一、法律规定

（一）一般规定

《公益诉讼试点工作办法》第四十二条规定："行政公益

诉讼的被告是生态环境和资源保护、国有资产保护、国有土地使用权出让等领域违法行使职权或者不作为的行政机关，以及法律、法规、规章授权的组织。"2017年《行政诉讼法》第二十五条第四款的规定则在法律上重申了行政公益诉讼的被告主体资格。据此，环境行政公益诉讼被告是指在生态、环境和资源保护领域负有监督管理的职责，因违法行使职权或者行政不作为，致使国家利益或社会公共利益受到侵害的行政机关以及法律、法规、规章授权的组织。

一般而言，行政诉讼被告主体资格认定采用行政主体、行为主体和责任主体三方面同时具备的标准，[①] 即被告须为具有行政主体资格、违法行使职权或者不作为并且具有责任能力的主体。按照我国现行的环境法律规范，负有生态、环境和资源保护职责的行政机关可作为环境行政公益诉讼的被告，具体可细分为人民政府、环境保护主管部门以及其他负有环境保护职责的部门。《环境保护法》明确规定了对环境保护工作负有监督管理职责的行政机关，该法第六条第二款规定："地方各级人民政府应当对本行政区域的环境质量负责。"第十条规定："国务院环境保护主管部门统一监督管理全国环境保护工作；县级以上人民政府环境保护主管部门统一监督管理本行政区域环境保护工作；县级以上人民政府有关部门和军队环境保护部门依照有关法律规定对资源保护和污染防治等环境保护工作实施监督管理。"我国现行的法律法规和规章没有明确授予行政机关以外的组织对生态、环境和资源保护领域负有监督管理的职责。

---

① 杨小君：《我国行政诉讼被告资格认定标准之检讨》，载《法商研究》2007年第1期。

（二）其他负有生态、环境、资源保护职责的部门作为被告的特别规定

我国环境行政公益诉讼的被告除了常见的人民政府、环境保护主管部门外，其他负有生态、环境、资源保护职责的政府部门也有可能成为被告。实践中出现了许多地方林业主管部门、草原主管部门、水主管部门、国土资源主管部门以及城市综合管理执法部门因不依法履行职责，使得国家利益或社会公共利益受损，最终被检察机关提起环境行政公益诉讼的典型案例。《环境保护法》第十条第二款规定："县级以上人民政府有关部门和军队环境保护部门，依照有关法律规定对资源保护和污染防治等环境保护工作实施监督管理。"目前，这条规定是除环境保护主管部门之外的其他有关部门承担生态、环境和资源保护职责的核心法律依据。而《环境保护法》作为我国环境保护领域的基本法，对这一问题仅作出了原则性的规定，《水污染防治法》《大气污染防治法》《固体废物污染环境防治法》等单行法律则进一步详细规定了对环境保护各个领域实施监督管理职能的行政机关。因此，除了各级环境保护主管部门外，其他有关部门，包括海洋行政主管部门、海事、渔政渔港监督、土地、矿产、林业、农业、水利、公安、工信等主管部门，以及军队环境保护部门，都需要在《环境保护法》和有关法律规定的指导下，实施针对资源保护、污染防治等环境保护行为的监督管理工作。

根据《环境保护法》第二条的规定，环境的范围很宽，包括了大气、水、海洋、土地、矿藏、森林、草原、湿地、野生生物、自然遗迹、人文遗迹、自然保护区、风景名胜区、城市和乡村等影响人类生存和发展的各种天然的和经过人工改造的自然因素的总体，因此负责环境保护工作的部门也比较多，

既包括负责环境污染防治的部门,也包括负责各类资源保护等部门。基于自身职权的界定和约束,各个涉及生态、环境和资源保护的有关部门,均承担着自身在实践中保护特定的自然资源或相关环境要素的管理职责。因此,在清晰的职责界定条件下,如果在损害国家利益或者社会公共利益的环境事件中,存在各类有关部门因自身违法行使职权或者不作为,或者甚至在收到人民检察院的检察建议后,仍不依法履行职责的行政机关,人民检察院均有权利对其提起行政公益诉讼。换言之,林业、草原、水、土地资源以及城市综合管理执法部门都可以成为环境行政公益诉讼的适格被告。

根据最高人民检察院第八检察厅(也称公益诉讼检察厅)主持编写的《行政公益诉讼典型案例实务指引——生态环境资源保护领域(上下册)》①,笔者选取了近年来我国环境行政公益诉讼中,被告为其他承担着保护生态、环境、资源职责的政府部门的典型案例,案诉所涉及的污染类别与被告部门分别如图1、图2所示。

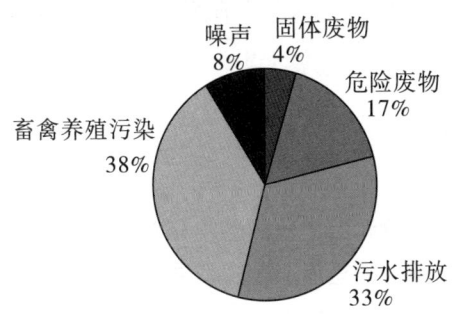

图1　环境公益行政案件所涉污染类别

---

① 张雪樵:《行政公益诉讼典型案例实务指引——生态环境·资源保护领域(上下册)》,中国检察出版社2019年版。

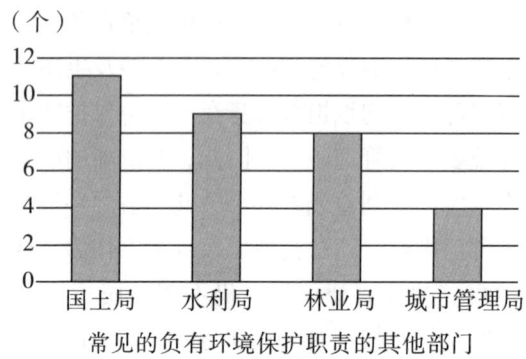

常见的负有环境保护职责的其他部门

图2　环境行政公益诉讼案件所涉被告部门

从被告的类型上看，居于前列的分别是国土资源局、水利局、林业局三家单位。从职能上来看，土地和矿产资源的管理由国土资源局负责，森林资源的保护和陆生野生动物的保护主要由林业局负责，而水资源清洁管理和污水排放监管等工作由水利局负责，排名第四的城市管理局则主要对城市问题进行管理。因此，从所涉及的被告主体上不难看出：行政公益诉讼的开展已经与《公益诉讼试点工作办法》规定的范围实现了基本的同步。

二、理论阐释

环境行政公益诉讼在我国起步相对较晚。近几年各地陆续出现环境行政公益诉讼案件，"官告官"现象引发极大关注。但这一诉讼制度在具体实践中也面临很多难题，近几年学界研究大多聚焦于环境行政公益诉讼的原告主体资格，鲜有对被告主体资格进行系统分析的研究，这反映出立法者对于环境行政公益诉讼被告制度的构筑上，有着较多因素的顾虑和考量。

行政行为理论是研究行政公益诉讼被告的重要理论及基

础,在行政行为的概念之下,行政行为违法可以分为作为行为的违法与不作为的违法两类。作为环境行政公益诉讼的对象,前者往往具有一定的模糊性,实践中需要详细界定其范围,通常是指负有环境保护管理职责的行政机关直接、主动地作出一定的行政行为,致使国家利益或社会公共利益受到损害。《行政诉讼法》第二十五条第四款中表述为"违法行使职权"。具体而言,行使的职权实际上由行政管辖权和行政处理权所构成,行政机关超越职权对特定事项进行管辖或者对该事项作出不当处理时,都可能构成违法行使职权。在司法实践中,违法行使职权侵害国家利益或社会公共利益的情形,多表现为行政机关违法处理生活垃圾或危险废物等污染物、违法发放行政许可或出具审批文件等。

检察机关可以以环境保护主管部门"不作为"属于违法行为为由,对违法主体提起行政公益诉讼。对检察机关而言,检察机关所主张的"不作为"违法行为具体表现有哪些?对环境保护主管部门而言,对于检察机关作出的起诉决定,被起诉的机关能不能提出自己的反对意见,即可否进行抗辩?如果可以,他们又应当如何进行抗辩,需要提供怎样的抗辩依据?对法院而言,法院在现有法律并没有给出明确规定的情况下,如何从环境保护主管部门的多种行为中,认定并判断"不作为"行为属于违法行为?[①] 令人为难的是,目前相关规范性法律文件对这些问题,均没有给出明确的答案。

市场失灵导致自然资源本身以及自然资源的生态服务功能受到损害,有关部门应当采取行政执法的方式维护公民权益。

[①] 刘卫先、张帆:《环境行政公益诉讼中行政主管机关不作为违法及其裁判的实证研究》,苏州大学学报(法学版)2020年第2期。

但政府亦存在失灵情形，公民有权监督政府使其妥善保护自然资源及其构成的生态环境。有学者认为政府作出的影响环境的决策行为、不作为以及越权等行为，造成了大部分的环境公害。[①] 国外立法例也大多支持这一观点。例如，德国环境团体诉讼属于行政诉讼而非民事诉讼，原因是民事诉讼难以矫正非法许可的有效性，反而转移了公众对行政责任的关注，并且民事诉讼成本太高，非政府组织不一定有能力直接与企业抗衡。[②] 再如，美国环境公益诉讼制度的被告同时包括污染企业和行政机关，但公众更倾向于起诉环保行政机关，原因是公众希望自己的行动能促进政府有效执行或完善环境法规和规章，形成长效治理。

三、比较研究

（一）美国

针对什么样的行政行为可以提起环境公益诉讼？被告主体是什么？美国在1977年修订的《清洁空气法》中已经明确给出了答案。在《清洁空气法》中，美国进一步扩大了环境公益诉讼案件的受案范围，将涉及环境领域规定的所有行政规章均列入可以被提起诉讼的对象范围。第一，该法扩大了成为公益诉讼被告的政府部门范围，使得在现实生活中，除了环保局这一对环境保护负有主要责任的单位之外，部分同样拥有环境执法权的政府部门，如劳工部、运输部、内政部、商务部等，

[①] 陈燕萍：《环境公益诉讼主体资格的逻辑考量》，载《山东审判》2013年第4期。
[②] 黄忠顺：《公益性诉讼实施权配置论》，社会科学文献出版社2018年版。

均有成为环境公益诉讼被告的可能。第二，该法增加了可提起公益诉讼的被告主体类型。根据美国环境行政公益诉讼受案范围的相关统计数据，除了可以对违反法律规定的污染防治和环境保护等义务的具体政府部门提起诉讼外，也可以对承担保护环境职责的环保局或其他部门出现的不作为提起诉讼，以及对所涉及的相关政府决议制定者提起诉讼。与此同时，美国不仅鼓励公民积极参与到对行政行为进行有效监督和起诉的行动中，还会以提供物质和精神上双重支持的形式，鼓励原告就环境公益问题所提起的诉讼。①

（二）德国

在德国，环境行政公益诉讼的受案范围并不局限于违法的行政行为和不作为两大类。德国《联邦行政法院法》规定："所有不属于宪法范围的公法争议，如果联邦法律没有明确地规定由其他法院处理，都可以提起行政诉讼。在州一层级法律领域的问题争议，可以由州法院分配到其他的法院处理。"②

德国司法机关一直主张，应当将抽象行政行为纳入受案范围，因为抽象行政行为相较于具体行政行为，往往会造成更大更深的损害。所以，环境行政主体作出了抽象行政行为，也应该被纳入环境行政公益诉讼的被告范围内。另外，环境行政公益诉讼案件的受案范围，不能只局限于对于已经造成损害的行为，而是只要有被侵害的可能性和危险，相关行政机关就要及

---

① 陈冬：《环境公益诉讼的限制性因素考察——以美国联邦环境法的公民诉讼为主线》，载《河北法学》2009年第8期。
② 胡建淼：《中外行政法规分解与比较》，北京法律出版社2004年版，第169-174页。

时制止。① 由此，建立对抽象行政行为提起诉讼的行政公益诉讼机制，更大意义还在于其对于违宪审查机制的完善和补充作用。

四、典型案例

（一）人民政府作为被告：贵州省清镇市人民检察院诉清镇市流长苗族乡人民政府违法行使职权环境行政公益诉讼案②

【基本案情】

2009年2月15日，清镇市人民政府颁发清府林证字（2009）第5201810600386－1号林权证，确定清镇市流长苗族乡人民政府（以下简称流长乡人民政府）对该乡东抵犁倭镇界、南抵兴隆村土、西抵马郎村土、北抵冒井村土地域范围内的，115.4亩（约7.7公顷）木叶高坡防护林享有所有权和使用权。2013年12月，流长乡人民政府决定将该林地、林木发包给他人经营。2013年12月6日，流长乡人民政府与黄启发签订了《贵州省清镇市流长苗族乡木叶高坡林场经营权转包合同》，约定流长乡人民政府将前述林地、林木发包给黄启发从事农业项目（特色经营果林）种植生产经营，林地转包后，黄启发享有承包林地的使用权、林木所有权和经营权，转包经营权期限为65年，自2013年12月6日起至2078年12月6日止，转包价格20万元。协议签订后，流长乡人民政府收取了黄启发转让款20万元，并将前述林地、林木交予黄启发。上

---

① 夏云娇：《西方两大法系环境行政公益诉讼之比较与借鉴》，载《湖北社会科学》2009年第05期。
② 参见贵州省清镇市人民法院行政判决书［（2016）黔0181行初35号］，中国裁判文书网。

述林地转包于黄启发后,黄启发与王洁合伙经营。2016年2月5日,王洁将木叶高坡林场部分林木卖给周兵砍伐,周兵砍伐了林木78株,被林业部门处以罚款2125元,并被责令于2016年12月31日前补种林木390株。

2016年10月14日,清镇市人民检察院向流长乡人民政府发出检察建议,建议流长乡人民政府:①对木叶高坡林场森林资源进行清查并建档管理;②完善木叶高坡林场流转手续;③认真履行管理职责,对承包方违反合同约定导致的木叶高坡林场森林资源被破坏行为,按照合同约定追究违约责任。2016年11月15日,流长乡人民政府回复清镇市人民检察院,表示将切实抓好木叶高坡林场林木资源的清查管理,建立台账资料,明确乡护林人员进行管护,健全完善巡山记录台账,督促林场经营权转包人进行补植补种,并将按照《中华人民共和国森林法》(以下简称《森林法》)的相关规定就确认其与黄启发签订的林地转包合同无效提起诉讼。

2016年12月15日,清镇市人民检察院向清镇市人民法院提起行政公益诉讼,请求确认流长乡人民政府转包木叶高坡林场的行为违法,且应对违法转包行为造成的后果采取补救措施,依法履行森林资源管护职责。2017年1月9日,流长乡人民政府向清镇市人民法院提起民事诉讼,请求确认其与黄启发2013年12月6日签订的《贵州省清镇市流长苗族乡木叶高坡林场经营权转包合同》无效。庭审过程中,流长乡人民政府出具该乡林业站的证明,表示已补种柳杉600株,保存率100%,成活率85%以上。于是,2017年5月24日,清镇市人民检察院向人民法院提交变更诉讼请求决定,对被告流长乡政府的补救行为予以认可,将诉讼请求变更为"确认清镇市流长乡人民政府转包木叶高坡林场的行为违法"。2017年5月

27 日,法院一审判决确认。

【裁判要旨】

《森林法》确定了用材林、经济林等森林、林木、林地使用权可以依法转让,防护林不得转让。本案中,被告将作为防护林的木叶高坡林场发包给他人从事农业项目(特色经果林)种植生产经营,将防护林的用途更改为商品林,违反了《森林法》第十五条第三款的规定,导致社会公共利益遭受侵害,依据法律应被认定为违法行为。为了保护森林生态环境,维护国家和社会公共利益,促进依法行政,清镇市人民检察院根据《公益诉讼授权决定》和《公益诉讼试点工作办法》等相关规定,向清镇市人民法院提起行政公益诉讼。特别是,在提起行政公益诉讼前,清镇市人民检察院通过向流长乡人民政府发送检察建议的方式,指出其在履行森林资源管理与保护职责中存在的问题并建议纠正,此为提起公益诉讼之前的必经程序。虽然流长乡人民政府后来作了书面回复,承诺了相关事项,但并未采取积极补救措施,违法事实及后果仍然在持续,国家和社会公共利益仍处于受侵害状态,因此,清镇市人民检察院可以依法提起行政公益诉讼。同时,被告流长乡人民政府另案提起诉讼,对其决定违法转包行为予以法律救济,并采取一定的措施对相关责任人起到了督促作用,相关责任人也按照有关行政机关的决定,补种了一定树木并达到了成活率的要求,这些补救行为得到清镇市人民检察院的认可,故变更了诉讼请求,最终得到法院准许,这也充分体现了检察公益诉讼制度把在诉前实现维护公益目的作为最佳司法状态这一价值目标,是对双赢多赢共赢理念的深刻践行,彰显了制度的优越性。

(二)环境保护主管部门作为被告：贵州省铜仁沿河土家族自治县人民检察院诉沿河土家族自治县环境保护局怠于履行法定职责行政公益诉讼案

【基本案情】

2018年初，在开展乌江环境保护巡查中，贵州省铜仁沿河土家族自治县人民检察院（以下简称沿河县人民检察院）发现，夹石中学及周边居民的生活污水和粪便有直排乌江的情况，导致对乌江的生态环境造成了严重的破坏。此外，沿河检察院发现该水域生态污点的出现，对乌江下游饮用水源水质也造成不小的影响和破坏。为了保障人民群众的身体健康，沿河县人民检察院迅速组织了调查小组对水域污染的起因和根源进行深入调查。经实地走访和调研，调查小组找到了该环境污染的根源。江西某公司于2013年12月17日承建的"沿河夹石镇污水处理厂及管网建设项目"。该项目在施工过程中，因施工设计等原因中途突然停止建设，而原本已经被拆除的卫生设施并未得到恢复，导致学校及周边居民大量生活污水和厕所粪便因缺乏其他的排污通道，只能直排乌江。2018年2月1日，沿河县人民检察院向该县环保局发出诉前检察建议书，要求该县环保局依法履行环境保护职责，责令该事件的违法人对已被破坏的生态环境设施及时进行修复，恢复原有的环境生态状况，并跟进监督恢复工程的进度。然而，县环保局在收到检察建议后并未给予足够的重视。沿河县人民检察院邀请并委托贵州大学环保专家亲临现场进行水质检测，结果表明，粪便及生活污水的直接排放对乌江水体水质的各项指标均产生了严重的负面影响，对乌江生态环境的破坏后果严重。2018年10月8日，沿河县人民检察院依法向德江县人民法院提起行政公益诉讼。2019年4月2日，德江县人民法院对该环境诉讼案件作出判决，确认沿河县环保局怠于履行对案涉工程项目环境违法监管职责的行为违法，责令沿河县环保局继续履行对案涉工程项目的环境监管职责。①

【裁判要旨】

德江县人民法院一审认为，沿河县环保局作为环保监管部门和行业主管部门，未采取有效措施督促相关单位对污水收集池粪污直排乌江的环境违法行为进行防治，致使乌江夹石段水环境长期遭受污染，国家和社会公共利益持续处于受侵害状态，存在怠于履职行为。虽然夹石污水管网提升泵房工程修建完毕，但污水处理厂未投入运行，仍有污水直接排入乌江，对乌江水环境造成污染，县环保局应继续履行职责。透过本案例，可以分析沿河县环保局行政不作为的具体表现：首先，作为地方环境保护行政主管部门，沿河县环保局负有对辖区内环境保护的监督管理职责，依据是《环境保护法》第十条第一款的规定："县级以上地方人民政府环境保护主管部门，对本行政区域环境保护工作实施统一监督管理。"其次，沿河环保局的行政不作为在客观上纵容了涉案公司的建设不规范行为，致使社会公共利益持续处于受侵害的状态。虽然夹石的污水管网提升泵房工程已经处于修建完毕的状态，但由于污水处理厂仍未投入运行，县环保局应继续履行职责，对工程开展后的衍生问题进行处理。然而，该县环保局在得知事件始末后，不仅未依法查处上述违法行为，也未采取有力的惩罚措施制止环境违法行为的继续实施，并且该县环保局也没有采取有助于修复已经破坏的乌江生态环境的有效措施。此外，对于企业在工程

---

① 汪军：《贵州：环保部门怠于履行乌江保护职责被判违法》，http://m.xinhuanet.con/2019-04/13/c_1124362929.htm.

开展前的审查环节中，县环保局还存在对环境保护最重要的排污许可证督促不力的情况，明显违反了《环境保护法》第四十五条规定的排污许可管理制度，即企业事业单位和其他生产经营者应当按照排污许可证的要求排放污染物，未取得排污许可证则不得排放污染物。综上，沿河县环保局作为该区域环境保护的监管机关，怠于履行监管职责，在人民检察院发出检察建议后，仍然未督促涉案企业完全整改，导致社会公共利益仍处于受侵害状态，属于环境行政公益诉讼的适格被告。

（三）其他负有生态、环境、资源保护职责的部门作为被告：湖北省宜昌市西陵区人民检察院诉湖北省利川市林业局环境行政公益诉讼案

【基本案情】

湖北省利川市溜子湾矿业公司在利川市毛坝镇溜子湾等地占用林地开采碳质页岩并露天燃烧煤矸石，直接向空气中排放大量气体污染物，导致周边影响区的林木大片死亡。利川市林业局在专项清查中发现此情况后，作出林业行政执法行为，督促溜子湾矿业公司停止露天焚烧煤矸石，并将所占林地恢复林业生产条件和植被。利川市人民检察院在办理溜子湾矿业公司法定代表人非法占用林地犯罪案的过程中，发现溜子湾矿业公司除了非法占用林地进行开采外，还违反《建设项目环境影响报告表》和利川市环境保护局审批意见的要求，采用露天焚烧煤矸石的生产工艺，直接向空气中排放大量气体污染物，导致开采区及周边林木受损甚至死亡。而利川市林业局对该公司实施的行政执法处罚行为，只限于该公司违法占用林地的开采区内，并未针对因煤矸石露天焚烧熏死的影响区林木采取任何行政执法措施。2016年10月14日，利川市人民检察院向利川市林业局发出检察建议。利川市林业局收到检察建议后多

次组织相关单位和人员到开采区检察、督办煤矸石熄灭和植被恢复等工作，遂认为其已履行职责，并将林木毁损作为大气污染案件移交利川市环境保护局办理。由于溜子湾矿业公司开采区燃烧的煤矸石未熄灭且持续向周边林木散发有害气体，导致58 419平方米影响区内仍有大片被有害气体熏死的林木。

为此，2016年12月28日，湖北省宜昌市西陵区人民检察院（以下简称宜昌西陵区人民检察院）经湖北省人民检察院指定管辖，向宜昌西陵区人民法院提起行政公益诉讼。法院认定：溜子湾矿业公司露天烧矿的行为致使影响区森林资源受到毁坏，涉及生态环境和林业资源保护，应属于国家利益和社会公共利益受到侵害。利川市人民检察院发出检察建议书履行诉前程序后，利川市林业局未履行监管职责，焚烧煤矸石的火源仍未熄灭，并持续向空中散发有害气体，导致国家利益和社会公共利益持续处于被侵害的状态。据此宜昌西陵区人民检察院经指定管辖提起行政公益诉讼符合相关法律法规的规定。根据《森林法》和《大气污染防治法》相关规定，因露天焚烧煤矸石分别造成大气污染和森林、林木受到毁坏的，系违反不同法律规定，造成不同损害后果，理应由林业主管部门和环境保护主管部门各司其职，依法履行其相应的管理和监督职责。本案影响区的森林属于利川市林业局的管辖范围，监管该片被毁林地及督促植被恢复系利川市林业局的职责。溜子湾矿业公司焚烧煤矸石产生的物质与影响区林木的死亡存在因果关系，利川市林业局仅就开采区作出处理，却未针对被毁坏的影响区林木作出林业行政管理和监督行为，而仅仅将之移送环境保护主管部门查处，构成怠于履行监管职责。一审法院判决确认利川市林业局未依法履行职责违法，责令利川市林业局对溜子湾矿业公司非法烧矿毁坏森林的行为依法履行职责，落实整治措施。①

【裁判要旨】

该案入选最高人民法院于 2018 年 6 月 4 日发布的"人民法院服务保障新时代生态文明建设十大典型案例"。溜子湾矿业公司露天焚烧煤矸石，带来了双重影响：一是大气污染，二是林木受毁，违反了《大气污染防治法》和《森林法》的相关规定。本案中，不管是采矿区还是有害物质污染的影响区，均属于被告利川市林业局的职责范围，行政执法不仅应当履行，更应当及时、规范、全面地履行，而不能顾此失彼、部分履行，甚至不管落实。就本案中的利川市林业局行政不作为的具体表现进行分析：其一，我国《大气污染防治法》明文禁止企业直接向空气中排放大量气体污染物，按照该法第九十九条规定，相关生产单位若未依法取得排污许可证直接排放大气污染物的，县级以上人民政府的生态环境主管部门应当依法责令该企业整改或者限制生产、停产整治，情节严重的经批准责令其停业、关闭。该公司露天焚烧的生产方法明显是违法的，利川市林业局应当按照《大气污染防治法》中的规定对该公司的整改进行监管，必要时可按照程序和规定限制其生产。其二，该公司未通过合法手续使用林地，按照协议约定，两年临时占用期已经届满，该公司需要申请续期，但是该公司并没有依据规定续期，而是继续违法占用，损坏了大片林地。根据我国《森林法》第三十九条的规定，利川市林业局应当采取措施，就该公司非法占用林地、污染空气等损害公共利益的行为

---

① 参见《湖北省宜昌市西陵区人民检察院诉湖北省利川市林业局不履行法定职责行政公益诉讼案》，载中国法院网 2018 年 6 月 4 日。

进行追责和处罚，并进行适当修复。综上，可以看出本案件中的利川市林业局存在行政不作为。此外，近年来，由于同一环境污染行为常常出现一因多果情况，涉及不同行政部门的职责范畴，因此，本案作为一起跨行政区域审理的环境污染行政公益诉讼案件，对不同行政部门针对各自的管辖范围需承担各自的监管之职予以明确，认定对特定资源负有监管职责的行政机关推诿塞责、单纯将案件移送其他部门处理的行为亦属于行政不作为的范畴，对于防范地方保护主义，审查认定行政机关履行环境保护的职责、方式等方面，具有典型性和指导意义。

五、实践中存在的问题

结合学界目前的研究，对既有的实践案例进行梳理后，可以归纳出我国关于环境保护主管部门被告资格面临的主要问题和争议表现在以下三个方面：

第一，由于作出抽象行政行为的主体不能作为被告，针对抽象行政行为的司法审查最终难免流于形式。虽然《行政诉讼法》明确了司法审查的对象，即起诉主体除了可以将其认为不合法的具体行政行为提起司法审查外，对于与不合法行政行为有关的规范性文件，也可以一并提起司法审查。然而，一方面，检察机关不能将被提起司法审查的规范性文件的制定主体列为被告；另一方面，法院也不能够在判决中作出针对制定该规范性文件的机关进行处置的决定。对于这一问题，个别地方的地方性法规有了一定的突破。《上海市人民代表大会常务委员会关于加强检察公益诉讼工作的决定》第四条规定，检察机关在公益诉讼工作中发现行政规范性文件存在合法性问题的，可以向有关制定主体提出意见和建议。但由于检察建议本身缺乏强制性，因此这一司法审查形式具体能发挥多大作用，取决于作出抽象行政行为的主体对于检察建议的态度。

第二，将人民政府列为被告的情况依然比较少，一定程度上导致切实解决环境纠纷面临现实阻碍。一般情况下具体作出环境行政行为的行政机关，是受该级政府领导的、下属的行政部门。从不少案例中可以看出，有时地方政府出于希望大力发展本地区经济的考虑，往往会选择性地忽视环境保护的重要性，使得政府作出不利于生态环境的决策，或者采取以弱化监管和降低惩罚力度的方式来保护当地的污染企业。因此，在"牺牲环境以发展经济"的思维主导下，当环境行政部门深入基层进行环境执法时，难免会遭到当地政府或轻或重的干预，很难深化执法的力度，保障执法的效果。值得注意的是，当执法效果未达到理想水平的情况下，往往作为被告被提起环境行政公益诉讼的主体是进行执法的环境行政部门，理由是"执法不力"，而作为"干预执法"的地方政府，却不需要对此承担责任。

第三，在现有法律规定下，行政审批的行政主体仍未被列入环境行政公益诉讼被告的范围内。这无疑降低了法律对于行政审批主体行为的约束力度。不少学者对以往多起环境公益诉讼案件进行梳理和总结后发现，环境行政机关的职责不仅包括行政监管，还要承担着行政审批"守门人"的角色。换言之，除了通过行政监管的方式保护环境外，他们还需要做好行政审批工作，保证环保质量不达标的个人和企业绝对不能进入市场。由于行政监管具有滞后性，起到预防作用的行政审批显得更为重要。例如，当破坏环境的行为已经付诸实施，即使通过监管发现破坏环境的情况，并予以整治，但环境损害业已发生，有的损害甚至是不可恢复的。因此，预防往往比整治更重要。负责行政审批工作的环境行政机关需要严把环境保护关,针对未来可能对生态环境产生威胁的主体从一开始就采取相应的预防措施。

六、完善路径

(一) 进一步健全和规范我国环境行政公益诉讼制度

环境污染和生态破坏属于市场失灵和政府失灵的典型表现,市场失灵表现为企业将生产成本以污染环境或者破坏生态的方式予以外部化,而政府失灵是指环保行政机关没有通过行政执法手段将企业的外部成本予以内部化。在过去,环境民事公益诉讼的本质是对偶发性事故的起诉行为,在某种意义上是"各个击破",容易治标不治本;而环境行政公益诉讼则可以起到预防或修复环境损害的规模效应,在预防环境污染问题上的约束性更强。再者,过去民事诉讼缺乏惩罚性赔偿制度,不能从经济上处理被告的不法收益。[1] 而行政公益诉讼则会判令行政机关对污染企业采取行政处罚措施或承担相应费用,在环境修复与弥补损失方面具有独特的制度优势。但我们也看到,环境行政公益诉讼被告资格认定的欠缺和模糊的问题,成为现实生活中多数环境污染行为追责不彻底现象的主要原因之一。关于环境行政公益诉讼被告资格认定中涉及的一些细节性的问题,既没有更加明确的法律规定,也没有更为详细的法律解释,使得追责制度陷入缺乏相关法律支持的困局中。如果能在未来出台专门的环境行政公益诉讼法律,不仅可以在其中详细

---

[1] 曹明德:《矿产资源生态补偿法律制度之探究》,载《法商研究》2007年2期。

探讨并规定与这项制度有关的重要问题，还能够结合不同的情境进行有针对性的解释，填补原有法律在相关问题上的缺位，使其与现有的《环境保护法》等法律规范共同构成一套较为完备的法律体系，推动环境行政公益诉讼制度的健全和规范，从而营造更为完善的环境保护法制氛围。

（二）进一步完善复杂案件的审理制度

随着社会的发展，一起事件涉及的利益主体也更多，案件处理的复杂程度和困难程度也会增加。有学者统计了2015年的44起环境公益诉讼案件，政府作为被告的有3件，企业作为被告的有31件，个人作为被告的有10件。在2016年的165起环境公益诉讼案件中，政府作为被告的有96件，企业作为被告的有55件，个人作为被告的有14件。可见，在2015至2016年间，以政府和企业为被告的环境公益诉讼有明显增加。在此趋势下，检察机关在履职过程中如果发现行政机关在履行职责过程中存在贻误怠慢或者不作为的情况，为了督促行政机关依法履行法定职责，其通常做法是通过发出检察建议和更进一步提起公益诉讼来实现。但近些年，环境公益诉讼案件中出现更为复杂的现象，民事诉讼与行政诉讼同时出现在同一事件中、民事诉讼与刑事诉讼出现在同一事件中、刑事诉讼与行政诉讼出现在同一事件中的情况时有出现，甚至出现了在同一诉讼案件中污染者和监管者同时作为被告的情形。针对这类案件，如果人为地分离割裂而采用不同诉讼程序裁决，必然出现厚此薄彼的裁判结果。① 在环境公益诉讼司法实践中，复杂的行民交叉案件、刑民交叉案件、刑行交叉案件成为未来法律制

---

① 颜运秋：《我国环境公益诉讼的发展趋势——对新〈环境保护法〉实施以来209件案件的统计分析》，载《求索》2017年第10期。

度和体系完善的重要难点，需要协同多层级、多部门政府形成合力，共同构筑我国的环境司法保护制度。

（三）进一步明确环境资源行政主管机关"不作为"违法行为是否能够单独支撑诉讼请求和判决内容

自从环境行政公益诉讼成为我国一项法律制度以来，社会各界就从未停止过对法律细节的探讨。例如，当环境资源行政主管机关不作为时，是否可以成为独立的诉讼请求？尽管从司法实践中开始处理行政公益案件以来，绝大多数的法律判决对该问题持肯定的态度，认为必须独立追诉才能彰显法律对此类行为的严惩态度，但也有部分学者更赞同持否定态度的判例，并给出了有力的观点和支持理由。随着我国环境行政公益诉讼实践的发展，行政公益诉讼制度需要与行政诉讼制度相衔接，以提高环境行政公益诉讼制度的适用性。就其根本目的而言，确认不作为违法并不是根本目的，针对环境资源行政主管机关"不作为"提起的行政公益诉讼，主要是为了警醒环境资源行政主管机关，使其积极全面地采取履行职责的行动。换言之，确认其不作为违法仅仅是判定其是否积极履职的前提。所以，不作为违法不应当成为一项独立的诉讼请求和判决内容。就司法资源的运用而言，确认不作为违法不利于司法资源的节约。如果环境资源行政主管机关在现阶段已经开始积极且全面地履行自身职责，那么意味着检察机关的诉求及诉讼目的已经达到，另外再要求法院再行确认过去的行为违法也没有太大价值。类似的需要进一步斟酌的法律细节还有许多，有待结合具体的问题情境，进一步对司法资源的"投入"和"产出"效益进行考量。

(四)进一步发挥环境保护主管部门的主观能动性和作用,高度重视和积极应对诉前程序

随着行政公益诉讼制度的日趋完善,检察机关通过行政公益诉讼对行政机关实施有效监督也将成为一个新常态。目前看来,从中央到地方,公益诉讼已经得到了各级党委和政府的重视。其实,公益诉讼的主要目的是为了督促政府和有关行政主管部门能够积极履行好自身职责,因此,相较于正式提起公益诉讼的程序而言,完善行政公益诉讼前置程序的诉前程序并使其解决纠纷的作用得到最大限度的发挥,才是推动问题解决的重要解决窗口。在收到检察建议后能够积极整改的行政机关,有可能争取到撤诉的机会,从而避免受到法律给予的制裁。为了体现行政机关在环境责任事件发生后的主观能动性,根据环境公益诉讼的程序推进阶段和相关利益主体进行划分:首先,当行政机关收到检察建议后,需要从思想上正确认识和对待。一方面,行政机关应当积极与检察机关沟通协调,明确需要整改的要求和合格标准;另一方面,其需要在规定时间内,积极采取有效措施落实整改;同时,行政机关还要将整改过程进行及时的书面反馈。其次,行政机关在进行整改的过程中,应当切实对行政相对人改正违法行为的过程进行监督,同时在必要的时候采取有效措施控制或者消除违法行为带来的危害后果。最后,行政机关需要在监督过程中及时与检察机关沟通,通报自身履职的措施、具体的实施进展和实施结果。如果最终已经实施的整改措施仍然无法获得检察机关的认同,被检察机关提起公益诉讼,行政机关也不能就此放弃自己的整改计划,而应当更为重视并反思自己的改正态度是否端正、改正措施是否有效、改正结果是否理想等问题,在完善自身的整改计划后继续推动整改落实。

（五）进一步完善其他负有生态、环境、资源保护职责的政府部门作为被告的认定标准

司法实践中，林业主管部门、水资源主管部门、国土资源主管部门等行政机关，由于未依法履行法定职责而被检察机关提起公益诉讼的案件越来越多。在一定意义上，这确实表明我国的环境行政公益诉讼在不断地发展。然而，在实际办理案件过程中，不断凸显的问题和矛盾也促使我们反思：其他负有生态、环境、资源保护职责的部门和环境保护主体部门和人民政府机关相比作为适格被告有何异同呢？生态、环境和资源保护责任并非环境保护主管部门即目前的生态环境局可以独自肩负的，这又牵涉到环境行政公益诉讼中共同被告的问题。总之，要克服我国环境行政公益诉讼被告的局限，需要对其他负有生态、环境、资源保护职责的政府部门的被告主体资格进行完善。在环境行政公益诉讼中，检察机关通常在这两种情形下将其他负有生态、环境、资源保护职责的行政机关列为被告：第一种情况，认为该行政机关对违法行为没有履行法定职责；第二种情况，认为该行政机关对违法行为作出处理后，没有依法督促履行、依法强制执行。① 目前法律界的观点集中认为，检察机关在正式起诉其他负有生态、环境、资源保护职责的政府部门之前，行为标准相较于结果标准更应成为诉前程序中判定行政机关是否履行职责的标准②，并应该从这三大方面进行科学论证和充分考虑：一是该部门履行职责的方式。当环境公共利益处于受损状态时，或者发出建议后环境公共利益依然处于受损状态时，检察机关应对该行政机关查处相关违法行为所运

---

① 张旭勇：《行政公益诉讼中"不依法履行职责"的认定》，载《浙江社会科学》2020年第1期。

② 刘超：《环境行政公益诉讼诉前程序省思》，载《法学》2018年第1期。

用的法律依据、流程指引及其规范程度、技术手段等进行综合判断。① 二是该行政机关的履职时间。根据"两高"《检察公益诉讼解释》第二十一条第二款规定，行政机关应当在收到检察建议书之日起两个月内依法履行职责。即行政机关的履职期限是从收到检察建议书之日起计算的。② 实际上，类似于林业局、国土资源局、水务局等部门的履职过程中，由于存在着来自调查等方面的挑战与困难，履职期限的长短会受到一定程度的影响。因此，检察机关应适当结合特殊情况，综合考虑其他负有生态、环境、资源保护职责的政府部门的履职期限，当然，公共利益损害持续扩大等紧急情况除外。三是从归责原则上分析。接受检察建议书的行政机关若未在法律规定的期限内重新履行职责，是否是由客观或不可抗力因素造成的，或者该行政机关是否有采取有效保护措施的主观态度和意识。涉及评估、鉴定、听证等程序所耗费的时间较长时，法定履职期限也应结合具体情况予以一定的延长。③

（六）其他负有生态、环境、资源保护职责的政府部门需要加强环境行政公益诉讼有关工作

2017年12月27日，最高人民检察院和国土资源部联合出台《关于加强协作推进行政公益诉讼促进法治国土建设的意见》，明确提出把行政公益诉讼作为协作促进法治国土建设的重要方向之一，一定程度上反映出目前我国的环境行政公益

---

① 吴世东、王斌：《行政公益诉讼诉前程序的优化》，载《人民检察》2019年第10期。
② 王春业：《行政公益诉讼"诉前程序"检视》，载《社会科学》2018年第6期。
③ 魏琼、梁春程：《行政公益诉讼中"行政机关不依法履行职责"的认定》，载《人民检察》2019年第18期。

诉讼案件中有相当的比重涉及国土资源领域。这份文件就行政公益诉讼制度的内涵、意义、国土部门的职权行使、诉讼活动参与还有与检察部门之间的协作沟通进行了说明，对于林业部门、水利部门以及海洋渔业部门等依法履职而言，均具有借鉴意义。

首先，其他负有生态、环境、资源保护职责的政府部门要抛弃环境保护是生态环境局的"一家之言"的传统观念，必须依法行政，履行法定监管职责。遵循"谁作为，谁负责"的原则，明确分工，协作行动，公正、文明执法，对于存在的问题应该严格按照检察机关提出的建议书要求进行整改，把问题解决在诉前；同时，为避免产生有关部门推诿扯皮、职责不清的问题，建议采用清单责任制加以界定。2017年，河北在全国第一个以"生态环境保护委员会"名义出台了《生态环境保护责任规定》和《责任清单》，① 对多个负有生态保护责任的部门进行了职责划分，其中对履职的依据、事项，不履职的情形都予以明确的界定，为今后追责和问责有据可循提供了坚实保障。这一举措不仅有利于贯彻实施《行政诉讼法》，也能对公共利益的保护形成合力。②

其次，其他负有生态、环境、资源保护职责的政府部门要尊重并主动配合检察机关独立行使检察监督权。2016年7月，国务院办公厅出台了《关于加强和改进行政应诉工作的意见》，推进被诉的行政机关做好应诉工作，实事求是地提供作

---

① 胡晓梅：《河北出台生态环境保护责任规定》，载长城网2017年9月3日，http://report.hebei.com.cn/system/2017/09/03/018485179.shtml。

② 宋健、王海燕、胡照青、崔国强、朱英超：《行政公益诉讼若干问题研究——以行政机关的功能定位为研究视角》，载上海市行政法制研究所《2018年政府法制研究》，第41页。

出该行政行为的证据和充分准确的理由。该文件还要求行政机关要高度重视诉讼庭前会议，被诉行政机关的代表要准时出庭应诉，准备充分，态度端正。2020年7月，广东省人大常委会加强立法，就检察公益诉讼工作的完善作出决定①，在法院裁判宣布生效后，被诉行政机关必须依法履行职权范围内的职责，防止环境公共利益再次受损。若行政机关收到检察建议书后，态度不端正，意识不重视，拒绝落实或者应付式落实，甚至不执行法院作出的生效裁判，不落实诉前检察建议书、不执行审判机关生效裁判，监察机关是可以对违法的公职人员作出处分决定的。

最后，其他负有生态、环境、资源保护职责的政府部门要加强与检察机关的日常协作共建信息共享互通机制。信息共享互通机制能够减少双方沟通过程中的信息失真问题，通过这一平台，检察机关和行政机关都能共享环境和生态领域的违法信息、检察机关已办公益诉讼案件信息等，实现其他负有生态、环境、资源保护职责的政府部门及时上报线索资料，检察机关提前发出预警以及检察建议书提醒等功能。除此，行政机关相互之间也要交流信息，尤其是在可能被列为共同被告的情况下。

---

① 郑澍、侯小欣：《广东省人大常委会通过〈决定〉支持检察公益诉讼》，https://baijiahao.baidu.com/s?id=1673700098484464534&wfr=spider&for=pc.

第五章 ▶ 环境公益诉讼的制度规则

第一节 环境公益诉讼案件的起诉与受理

环境公益诉讼案件的起诉与受理作为公益诉讼程序启动的首要问题,是司法权行使的前提条件。在正确处理环境公益诉讼案件的起诉和受理问题时,首先要明确环境公益诉讼中的环境公共利益应当由谁主张,即环境公益诉讼的原告资格问题。需要注意的是,在环境民事公益诉讼和环境行政公益诉讼的不同语境中,原告资格问题也有所区别。科学合理设计不同类型的环境公益诉讼中各起诉主体的顺位,是保证诉讼程序能够顺利进行,司法资源得以合理配置的关键。

一、不同类型的环境公益诉讼的起诉与受理

环境民事公益诉讼和环境行政公益诉讼虽然都是为了维护社会公共利益,但因诉讼类型、所依据的法律规范以及被告主体的不同,两者在起诉与受理方面存在差异。

环境民事公益诉讼中的环境侵权行为一般是作为私主体的

自然人或法人作出的，法律允许相关主体为了维护环境公共利益而对企业或个人的环境侵权行为向法院提起诉讼。此类诉讼并非全新的诉讼类型，而是在原有民事诉讼基础之上突破原告主体资格的一种制度改造，仍然适用《民事诉讼法》。《环境民事公益诉讼解释》第二十九条规定："法律规定的机关和社会组织提起环境民事公益诉讼的，不影响因同一污染环境、破坏生态行为受到人身、财产损害的公民、法人和其他组织依据《民事诉讼法》第一百一十九条的规定提起诉讼。"这可以看作是我国司法解释对环境司法保障公众环境权益双轨制特征的阐释，即相关主体可以针对同一环境侵权行为分别提起环境民事公益诉讼和环境民事私益诉讼来实现公私环境权益的救济。[①] 一方面，环境民事公益诉讼和环境民事私益诉讼在诉讼请求上存在同一性，针对原告的环境侵权行为均就同一行为主张停止侵害、排除妨碍、消除危险和损害赔偿；在受偿顺序上，《环境民事公益诉讼解释》第三十一条规定，当被告偿付能力不足，无法对两诉讼的原告同时进行足额偿付时，私权优先于公共利益受偿。另一方面，二者在事实与证据认定方面也存在共同性。基于此，《环境民事公益诉讼解释》第三十条规定，如果没有法定情形，对于环境民事公益诉讼生效裁判认定的事实，环境私益诉讼中的原、被告双方无需举证证明，而且在没有法定情形的情况下，环境民事公益诉讼生效裁判就被告是否存在法律规定的不承担责任或者减轻责任的情形、行为与损害之间是否存在因果关系、被告承担责任的大小等所作的认

---

① 秦天宝：《我国环境民事公益诉讼与私益诉讼的衔接》，载《人民司法》2016 年第 19 期。

定，原告在环境私益诉讼中也可直接主张适用。①

环境行政公益诉讼适用《行政诉讼法》，是由检察机关针对行政机关侵害或可能侵害环境公共利益的具体行政行为或者行政不作为，以行政机关（主要是负有环境保护职责的行政机关）作为被告，依法向法院提起的行政诉讼。依照相关法律规定，环境行政公益诉讼案件目前只能由检察机关担任适格的起诉主体。这也就是说，对于环境行政公益诉讼而言，不存在起诉主体顺位设计问题，检察机关作为唯一具有原告资格的主体，毫无疑问成为第一顺位。②

二、环境公益诉讼中起诉主体顺位问题的不同观点

（一）环境公益诉讼中起诉主体的"顺位"问题

"顺位"一词源于民法上的优先权问题，强调享有权利的主体行使权利的先后顺序。在环境公益诉讼语境中，由于环境侵权涉及社会公共利益，其牵涉的主体也自然具有多元化的特点。起诉主体的多元化使得诉讼启动可能出现两种问题：一是各个起诉主体相互推诿，造成受损害的环境利益得不到及时的救济；二是相关主体争相行使诉权，造成冲突，导致案件久拖不决，环境问题不能及时得到解决。为了使整个环境公益诉讼程序有序进行，必须明确有关主体资格的顺位问题，妥善安排各个适格主体，确定环境公益诉讼中诉权行使的顺位。需要强

---

① 吴如巧、雷嘉、郭成：《论环境民事公益诉讼与私益诉讼的共通性——以最高人民法院相关司法解释为视角的分析》，载《重庆大学学报》2019年第5期。

② 王晓妍：《环境行政公益诉讼问题研究》，辽宁大学2017年硕士学位论文。

调的是，保证各个主体拥有平等的起诉权，是探讨环境公益诉讼中起诉主体顺位设计的必要前提。尽管各个主体参与诉讼的能力不均等，但应诉能力与具体诉讼情况的差异化不能决定诉权的高低，诉讼能力的定量化判断也绝不能简单架构于诉讼权利之上。只有这样，对环境公益诉讼起诉主体的顺位进行规划才能实现其效益，即在个案中寻求最优的起诉主体，实现环境公益诉讼整体效能最佳化。

（二）环境公益诉讼"顺位"的不同观点

虽然理论界对于检察机关在行政公益诉讼的起诉主体资格上是否应该具有唯一性存在争议，但基于对我国司法实践的现实考虑，笔者仍对环境行政公益诉讼的起诉主体采纳唯一性观点，我国目前法律体系的建构决定了短期内不宜放开起诉主体的范围，故在此主要探讨的是环境民事公益诉讼起诉主体的顺位设计。

关于环境民事公益诉讼主体的顺位设计，理论界和实务界主要的争议在于检察机关的序位排列，大体上可分为两种观点：

第一种观点认为，检察机关是第一顺位。主张要契合当下环境公益诉讼的发展实践，以最强公共利益标准与诉讼经济标准作为衡量尺度，将检察机关定位为环境民事公益诉讼的第一起诉顺位，环保社会组织和公民分列第二、三位。[1]

第二种观点则认为，检察机关主要发挥兜底保障作用，应该排在社会组织和公民以及其他起诉主体之后。《民事诉讼法》第五十五条增加了一款条文作为第二款："人民检察院在

---

[1] 张锋：《环境公益诉讼起诉主体的顺位设计刍议》，载《法学论坛》2017年第2期。

没有前款规定的机关和组织或者前款规定的机关和组织不提起诉讼的情况下，可以向人民法院提起诉讼。前款规定的机关或者组织提起诉讼的，人民检察院可以支持起诉。"不同于理论界部分学者的观点，立法机关在考虑顺位问题时，会更倾向于优先顾及环境公共利益的特殊性，其认为环境公益诉讼的目的不在于对违法者的责任追究，而是强调通过一定的法律制裁手段规制环境公共利益破坏者的行为，避免环境公共利益的持续破坏以及对受到损害的生态环境及时进行修复。而检察机关在环境司法过程中，主要职责在于承担法律监督职能，不宜成为环境公益诉讼中的主力军，居于第一顺位。

三、各起诉主体提起环境民事公益诉讼的顺位设计

现有法律规定和规范性文件确定了行政机关、环保社会组织和检察机关的环境民事公益诉讼的起诉资格。

环保社会组织是第一顺位。环保社会组织是由有兴趣或者有环境保护意识的人们自愿或自发组成的，具备强烈的环境保护信念。《环境民事公益诉讼解释》对具备提起环境民事公益诉讼资格的社会组织有严格的规定：一是专业性，必须是专门从事环境保护公益活动的团体，并依法在设区的市级以上人民政府民政部门登记；二是合法性，必须保证连续五年以上没有违法记录。[①]一方面，社会组织成员作为公民个体来说，是环境污染案件中最直接的感受者，具有强烈的维权愿望，而环保社会组织成为公民环境权利诉求的宣泄口，应当成为起诉的第

---

① 刘思超：《环保 NGO 提起环境公益诉讼问题探究》，甘肃政法学院 2018 年硕士学位论文。

一顺位。① 由环保社会组织代替社会公众提起环境公益诉讼，不仅能够解决已经发生的环境问题，更能避免绝大多数人的潜在公共利益继续受损，具有一定的合理性和现实性。② 另一方面，环境公益诉讼常常涉及大量的环境科学问题和法律问题，呈现出综合性、跨学科性的特点，对起诉主体的要求相对较高，把环保社会组织作为第一顺位，能够充分发挥其专业优势和资金能力，解决环境公益诉讼中举证质证的难题，与起诉对象相抗衡，达到保护环境、维护公共利益的目的。

行政机关是第二顺位。在环保社会组织无意或无法提起环境民事公益诉讼时，应由行政机关作为第二顺位提起。行政机关和检察机关都是国家公权力机关，如果由检察机关优先承担环境公共利益损害保护责任，绕过现行法律设定的由相应环境主管行政机关执法的体制，对责任主体直接进行法律惩罚，可能会造成权力体系内部混乱的风险。再加上环保行政机关在承担查处环境违法行为、追究其环境违法责任的职责的同时，也是环境行政公益诉讼中的追责对象。也就是说，在环境公益诉讼案件中，环境行政机关享有起诉权利，但也可能因环境侵权事件不作为或乱作为而被追责，这种集起诉主体与被起诉主体于一身的矛盾致使环境行政机关在提起环境公益诉讼上应当具有后置性，成为第二顺位。

检察机关是第三顺位。最高人民法院及最高人民检察院发布的《检察公益诉讼解释》指出，只有在其他权利主体无法或无意向人民法院提起诉讼时，检察机关才有必要承担追究侵

---

① 张海燕：《论环境公益诉讼的原告范围及其诉权顺位》，载《理论学刊》2012 年第 5 期。
② 耿轶凡：《环境公益诉讼起诉主体及其序位选择》，载《滨州学院学报》2015 年第 5 期。

害环境公益责任的职能，提起环境民事公益诉讼。相对于环保社会组织和行政机关而言，将检察机关作为第三顺位的替补性具有合理性。检察机关所具备的专业司法实践和理论优势，也为其兜底保障作用的发挥提供了契机。① 在我国，检察官必须通过国家司法考试和检察院的严格选拔才有资格进入检察机关工作，专业水准高的检察官不仅能够为人民法院过滤掉一些不必要的环境侵权事件，减少滥诉现象，实现法律资源的合理配置，同时，可为其他主体在面对复杂环境公益诉讼中存在的举证难、诉讼耗时长问题时提供实践经验的帮助。②

第二节　环境公益诉讼的证据

一、环境公益诉讼中证据的特点

证据是用来证明案件事实真实性的材料，是案件事实或案件要件事实得以还原或证明的重要前提条件。证据是用来佐证事实的真实性，但并非事实本身，各个证据必须在遵循合法性、真实性和关联性的基础之上经过严格的证明才能推导出事件的发生，不同类型的证据在不同的案件事实中的证明规则与证明力也不尽相同。

---

① 毛胜弟：《检察机关提起公益诉讼制度研究》，华东政法大学2014年硕士学位论文。

② 陈殿栋：《检察机关提起环境公益诉讼的诉权顺位研究》，载《太原理工大学学报》（社会科学版）2017年第3期。

基于环境公益诉讼复杂程度高、影响范围广、参与主体多、综合性强的特点，环境公益诉讼中的证据也表现出易逝性、隐蔽性、复杂性、生态性、专业性等特征。[①]

1. 易逝性

环境侵权案件多见于水污染、空气污染等侵权行为，而这类物质流动性强，对取证的时间和地点有很高的要求，强调取证的时效性与技术性。再加上污染物的物理特性和化学特性存在差异，污染物的分解、扩散或转化、沉积等现象会随着生态系统的一系列复杂的进化过程不断演变，进一步增加取证难度。

2. 隐蔽性

主要体现在两方面：其一，从污染对象来看，由于受污染的空气或水会随着生态系统的演进不断发生变化，易变性强，难以直接认定污染行为与损害后果之间的因果关系；其二，从污染主体来看，环境民事公益诉讼案件多以企业为被告，环境行政公益诉讼中，尽管是以行政机关为被告，但是实施污染行为的主体也大多是企业，企业具有资金、技术等方面的优势，再加上工业流程对外界保密，使外界无法清楚污染的前因后果，能够很好地掩盖或隐瞒其污染行为。

3. 复杂性

通常情况下，污染物并不是直接作用于人，而是通过环境媒介给受害人带来危害，表现出间接性的特点，这就导致难以通过证据证明侵权行为与损害结果之间的因果关系。再加上污染物的种类繁多，污染的效果发作存在周期性，涉及范围广，

[①] 吕虹冰：《环境民事公益诉讼证据规则适用问题研究》，西南政法大学 2018 年硕士学位论文。

对污染源的溯寻较为困难。

4. 生态性

环境污染行为在环境系统的连锁反应作用下,环环相扣,导致一个因素变化可能引起整个生态系统发生改变。

5. 专业性

公益诉讼对环境污染领域的调查核实程序有严格的技术性要求,证据的辨识、采集、保护等都具有环境行业的技术壁垒,需要运用技术原理、专业方法、专业工具,并依据行业标准或规范予以开展,往往还需要出庭举证、承担败诉风险等,一般意义上的调查核实难以确保证据的真实性、关联性。

前述证据的隐蔽性、复杂性、专业性、易逝性等特点,决定了对环境公益诉讼案件证据的收集需要运用科学的取证方法、专业的人员和设备,才能保证证据的真实性、关联性。

二、环境公益诉讼中已决事实的预决效力

我国现行法律关于环境公益诉讼相关的已决事实预决效力尚未作出明确的法律规定,但相关司法解释承认了这一制度的存在。因此,笔者对环境公益诉讼已决事实预决效力的内涵阐述,将以传统民法上的规定为框架指导,结合《民事诉讼法》的相关规定进行释明。

1992年颁布的《最高人民法院关于适用〈中华人民共和国民事诉讼法〉若干问题的意见》(以下简称《适用民事诉讼法意见》)指出,"已为人民法院发生法律效力的裁判所确定的事实,当事人无需举证。"2001年,最高人民法院颁布《关于民事诉讼证据的若干规定》(以下简称《民事诉讼证据规定》),对《适用民事诉讼法意见》进行修改,增加了后段

"当事人有相反证据足以推翻的除外"。这一修改限制了已决事实预决效力的绝对性。2015年《民事诉讼法解释》中第九十三条只是表述上有细微的差别,但并未进行实质性的改动,延续了《民事诉讼证据规定》的相关规定。由此可见,已决事实是指经生效裁判所确认的事实;而生效裁判所确认的事实具有的效力就是预决效力。环境公益诉讼已决事实预决效力即环境公益诉讼生效裁判确认的事实所具有的效力。

三、环境公益诉讼中已决事实对后诉的影响

显然,在环境民事公益诉讼相关案件中,尽管原告可能是单一的个体,但是被告的环境侵权行为本质上是一种对社会公共利益的损害行为,因此,环境民事公益诉讼强调的是对社会公共利益的维护,这与环境民事私益诉讼涉及的是个人私利、范围小等特点有所区别,二者法律适用依据也有所不同。《环境民事公益诉讼解释》第三十条规定:"已为环境民事公益诉讼生效裁判认定的事实,因同一污染环境、破坏生态行为依据《民事诉讼法》第一百一十九条规定提起诉讼的原告、被告均无需举证证明,但原告对该事实有异议并有相反证据足以推翻的除外。"结合我国的《民法典》对环境侵权案件的规定可以看出,已决事实的预决效力在后诉私益诉讼中会产生不同效果。

如果环境侵权行为给环境带来严重的损害后果,当环境民事公益诉讼中作出的判决对原告有利,但对被告不利时,在后续的环境民事私益诉讼中,已决事实具有绝对的预决效力,原告可以选择直接主张已决事实,法院判决要遵循前诉已决

事实;[①] 若前诉已决事实对被告有利,对原告不利,此时,环境民事公益诉讼对后续的环境民事私益诉讼的预决效力具有相对性,被告可以继续采用前诉判决,但原告有权提出异议,提出反证。

显然,关于环境民事公益诉讼已决事实预决效力的规定是向后诉原告倾斜的,前诉裁判确认的事实无论是否由后续私益诉讼的原告承担举证证明责任,只要对其有利,其都可以主张,而且当已决事实由原告负举证责任时还会产生绝对的拘束力。同时,前诉裁判确认的事实如由被告负举证证明责任,其对被告有利时却未必产生绝对的拘束力。这两点是环境民事公益诉讼中已决事实预决效力与一般民事诉讼的显著不同之处。

四、环境公益诉讼中法院的自由裁量权

在环境公益诉讼中,证据具有不稳定性、隐蔽性等特征,为保证证据搜集的完整性,法律赋予法院调查取证的自由裁量权。《环境民事公益诉讼解释》第十四条规定,对于审理环境民事公益诉讼案件需要的证据,必要时人民法院可以依职权进行证据的调查与收集,从而保证证据的可靠性和信任度。至于那些应当由原告承担举证责任的事项,出于保护和维持整体的社会公共利益的角度,人民法院可以就一些专门性的问题委托专业的具备资格的第三方鉴定人,对原告提供的证据开展真实性鉴定。环境民事公益诉讼涉及范围广,往往与多数人的利益相关,其判决结果不仅仅牵涉双方当事人的利益,加之环境民

[①] 石春雷:《前诉裁判确认事实对后诉的预决效力——环境民事公益诉讼司法解释第 30 条的释义及其展开》,载《政治与法律》2017 年第 9 期。

事公益诉讼案件具有显著的公益性特征,法院作为独立于双方当事人的第三方,除了在环境民事公益诉讼判决过程中保持中立性,最大限度还原客观事实也十分必要。[①] 在环境保护案件的调查取证过程中,原告在证据的提取、保存和查阅等方面会遇到被告的多重阻挠,在一些需要进行检测、鉴定的专业技术能力方面,原告往往表现出"先天不足"的缺陷,这就使得原告在搜集证据过程中面临的困难进一步加剧。除此之外,环境民事公益诉讼中的被告多是一些资金能力雄厚的企业,趋利性的本质使得其有掩饰、销毁证据以及牵制原告证据搜集的动机,其背后的人力与信息资源又为其提供了天然优势,由是侵权事实较易被掩盖,双方当事人权利的实质性平等也会遭到破坏。

法院在环境民事公益诉讼案件审理过程中具有自由裁量权,可以依照案情需要,向环境保护的主管部门调取涉及被告环境影响行为和后果的相关文件及其批复、环境许可和监管污染物排放情况、行政处罚等相关证据材料。[②] 在具体执行过程中要遵循如下原则:

1. 公正性原则

环境公益诉讼案件涉及的是公共利益,法院在证据搜集的过程中,可能会存在"偏私"行为。从以往具体的诉讼案件中可以看出,大部分情况下,法院主动调取的证据已超越程序性事项,且具有明显的有利于原告的倾向性,法院的这种行为无疑会带来双方当事人的权利失衡问题,违背法律的公正性。

[①] 许尚豪:《如何保持中立:民事公益诉讼中法院的职权角色研究》,载《政治与法律》2017年第9期。

[②] 邵明、常洁:《法院职权主义在民事公益诉讼中的适用》,载《理论探索》2019年第6期。

因此，法院在行使职权探知案件相关事实的同时，要明确自身"中立裁判者"的基本定位，保证司法公正性。

2. 客观性原则

在环境公益诉讼案件中，证据的搜集是实现司法公正的关键一环，在证据搜集过程中，要尽可能做到客观、真实。必须尊重客观事实，按照事情的本来面目还原事实。

3. 适度性原则

基于双方当事人调查取证能力悬殊的客观事实，法院可以为保证案件的真实性和客观性，依职权进行调查取证，但要把握适度性原则，应当进一步明确法院职权探知的限定范围，以免逾越诉讼制度的基本框架。

第三节 环境公益诉讼中的证明

作为裁判者，法官需要通过相关证据材料来认定案件事实，并以此为前提，正确选用法律。可见，对案件事实的证明问题直接影响到诉讼的结果。在环境民事公益诉讼当中，举证责任依法分配给每个案子的双方当事人，由原、被告对作为待证事实的、具体影响损害赔偿责任实现的规范要件，即加害行为、损害事实、损害结果、因果关系和免责事由等承担举证责任。《环境保护法》已把"破坏生态"的这种行为纳入环境侵权行为的范围，填补了我国传统立法仅将污染环境的行为认定为环境侵权行为的空白，同时也对环境民事公益诉讼中的证明问题提出新的要求，其中证明责任分配给谁、如何分配、分配后果等问题将是我们探讨的重点。

第五章 环境公益诉讼的制度规则

一、环境公益诉讼中证明责任的内涵

（一）关于证明责任的几种观点

关于证明责任的分配问题，在学界和司法实践中存在着不同观点，其主流观点可以概括为三种：权利说、义务说和风险说。①

1. 权利说

权利说从"天赋人权"理论着手，认为当事人都有诉讼的权利，并以此来实现自身主张。也就是说，在诉讼过程中，是否承担证明责任，当事人都有选择空间，不受法律强制力的约束。然而，这种观点混淆了举证责任和提供证据的责任的概念，当事人享有提供证据的权利，有选择和放弃提供的自由，但举证责任更像是法律为当事人设定的一项诉讼义务，负有举证责任的当事人如果在诉讼过程中放弃，随之而来的可能是败诉的法律后果。若双方当事人都自由选择放弃证明责任的权利，法官也将难以查清案件事实和认定双方争议焦点，造成案件久拖不决，难以有序推进。

2. 义务说

义务说认为，在诉讼中，当事人的证明责任是一种义务，受到强制力约束，如果不履行这一义务，就要承担败诉的后果。这种观点的问题在于它没有回答义务相对人是谁以及如果没有履行义务，又会带来何种法律后果的问题。与权利说一样，义务说也只是强调了当事人在诉讼中的一方面，单纯地把

---

① 黑玉莹：《环境行政公益诉讼举证责任问题研究》，华中科技大学2019年硕士学位论文。

证明责任规制在一个范围内，忽略了权利和义务的相对性。

3. 风险说

风险说认为，在诉讼实践中，证明责任有两面性：一方面，在诉讼过程中，双方当事人都可以主动承担举证责任，通过举证来支持自己的主张；另一方面，这种证明责任也会是一种负担，当事人有推进或者提供证据的责任，在应对具有争议性的问题时，应当主动提出自己的诉讼主张，否则会增加诉讼失败结果产生的可能性。

(二) 环境公益诉讼中证明责任的概念

证明责任，也称为举证责任，最早来源于罗马法，指当事人提供证据的责任。随着时间的推移，举证责任的举证出发点发生了根本性的转变。在最初的传统举证责任模式中，法律规定更多着眼于当事人的视角，即强调主观陈述而非客观事实，这使得法院可能会疏于对案件事实的认定，最终陷入真伪难辨的境地之中。在现代意义上的举证责任模式中，有关规定更加侧重于对法院裁判结果的关注，强调在实践中对举证责任的分配，尤其关注那些在案件事实真伪还未形成定论、结果依然不明的情形下，如何处理举证责任的分配规则。根据世界各国在司法传统和诉讼制度等方面存在的历史文化差异，现代举证责任模式又可以具体划分为基于英美法系的当事人主义，以及基于大陆法系的职权主义的两造诉讼模式，在这两类诉讼模式中，举证责任的概念和具体内涵也有着较为明显的区别。

英美法系的举证责任可以分为提供证据责任和法定责任两类。在当事人主义诉讼模式下，法官负责审查法律问题，陪审团则负责决定案件的事实问题。在具体案件的诉讼过程中，提供证据的责任首先要由当事人承担，具体表现为当事人需要按照法律规定的起诉要求和起诉标准，提前准备并先向法院提供足够的证据，这一部分不涉及法定责任；只有当案件事实出现真伪难辨的时候，才需要根据法官自己的判断，来确定双方当事人的举证责任，从而明确举证责任的承担方，同时承担相应的法律后果。①

大陆法系的举证责任可分为主观的举证责任和客观的举证责任。前者是当事人从自身的主观利益出发，将举证责任作为当事人为支持自己的主张而向法院提供证据的一种负担或义务；后者则出现在法院对案件进行判决时，如果出现当事人因缺失对自己所主张的事实进行充分佐证的证据而不被法院所认可的情况，法官就需要在案件审判的时候，裁判应当由哪方的当事人负担在这一诉讼案件中举证不利的后果。

英美法系是从法律程序出发，确定当事人的举证责任；而大陆法系立足于实体事实本身，从主客观角度对当事人的举证责任加以规定。虽然两者的具体规定有所不同，但究其本质都强调了两点：一是当事人在提供证据方面的责任；二是承担举证责任的分配后果。综合上述分析不难发现，可以将关于环境公益诉讼中的举证责任定义如下：在环境侵权案件审理过程中，双方当事人针对环境污染或破坏行为与损害结果之间一种引起与被引起的、客观存在的联系提出相应主张，以此明确环境侵权行为与损害后果之间的因果关系，明确当事人的法律责任和应承担的法律后果。②

---

① 王永祥：《环境民事公益诉讼中证明标准问题研究》，西南政法大学 2017 年硕士学位论文。
② 吕婷：《我国环境公益诉讼举证问题研究》，西北农林科技大学 2016 年硕士学位论文。

二、环境公益诉讼中的举证责任

(一) 环境民事公益诉讼的证明责任

《关于审理环境侵权责任纠纷案件适用法律若干问题的解释》(以下简称《环境侵权纠纷解释》)第六条规定,被侵权人请求获得相应赔偿,必须承担相应的证明责任,即提供证据证明环境污染事件中的"污染者排放了污染物""被侵权人的损害"以及"污染者排放的污染物或者其次生污染物与损害之间具有关联性"等相关证明材料。也就是说在一般的民事诉讼中,原告必须对侵权人的侵权行为、损害后果以及二者之间具有关联性作出必要的证明。这一要求主要适用于环境民事私益诉讼,环境民事公益诉讼由于其保护公共的生态环境利益的目的,具有"主观为公益"的特点,所以环境公益诉讼案件不要求起诉主体必须与所诉的案件事实存在直接的利害关系,且只规定了原告在起诉时提交初步证明材料,为其诉讼请求提供相应的事实依据即可,[①] 使生态环境得到真正保护的同时,避免出现滥诉和恶意诉讼的问题,提高社会资源和司法资源的配置效率。关于"初步证明材料"的理解,需要注意两点:一是初步证明材料的内容公共性。环境民事公益诉讼与环境民事私益诉讼的最大区别在于对环境侵权行为的起诉是否为了维护生态环境公益,这就要求原告在提起环境民事公益诉讼时要向法院提供相应的证明材料来佐证被告的环境侵权行为已经对社会公共利益造成损害,或者存在损害社会公共利益的潜

[①] 王胜男:《环境民事公益诉讼证明责任分配研究》,西南政法大学2016年硕士学位论文。

在风险，否则即被视为起诉条件不足，法院将不予受理。二是初步证明材料审查的形式化。初步证明材料的作用在于帮助法院确定是否受理原告的起诉，这也就意味着对初步证明材料进行审查只需符合形式要求即可，对于证明材料能否作为证据，将由法院在审理过程中进行判断，这极大地化解了环境民事公益诉讼"受理难"的问题。

原告虽然担负着举证责任，但在实际的证明过程中也存在不少问题，具体来说，可以从原告、环境侵权行为和被告三个方面进行分析。首先从原告的角度来看，环境民事公益诉讼与环境民事私益诉讼的起诉主体一大不同点在于，环境民事私益诉讼的起诉主体是环境侵权行为的受害人，环境侵权行为与受害人之间有着直接的利害关系，因此，起诉主体有着强烈的起诉意愿，以维护自身利益。而环境民事公益诉讼面对的是对社会公共利益的损害，其起诉主体不是环境损害的直接受害者，不存在直接的利害关系，这在一定程度上会导致原告的起诉意愿不够强烈，在意愿上会呈现出懈怠的情绪；再加上原告并没有直接感受到环境侵权行为对其带来的影响，从客观角度来看，原告无法准确、及时地收集有关环境侵权的证据。其次，从环境侵权行为的特点来看，与其他侵权行为不同，环境侵权行为事实往往具有隐蔽性和长期性等特点，在短期内环境污染的危害无法显现出来，侵权事实与其对应的损害结果难以依靠现有证据加以证明。最后从被告方来看，一般来说，在环境污染案件中，被告往往是一些实力较为强大的企业或团体，有足够的能力隐藏和消除环境污染的证明，再加上利益驱使，被告方不会主动提供证据给原告，增加了原告举证的难度。

在环境民事公益诉讼中，被诉对象一般是民事主体，往往表现为工厂、企业等组织。现代市场经济要求企业承担双重身份，即在为社会创造经济效益的同时，也要承担环境保护等社会责任。但在现实中，环境保护总是企业容易忽略的一面，趋利性的本质往往驱使企业牺牲社会利益、作出许多危及环境公共利益的行为。我国《民法典》第一千二百三十条规定："因污染环境发生纠纷，污染者应当就法律规定的不承担责任或者减轻责任的情形及其行为与损害之间不存在因果关系承担举证责任。"因此，在环境民事公益诉讼案件中，针对原告就环境损害行为、损害后果以及关联性三要件，企业必须举出证明损害后果与损害行为无因果关系的证据材料。需要强调的是，环境民事公益诉讼中，企业作为被诉一方，往往具备资金、技术等优势，基于利己目的，可能存在隐藏、毁灭证据等行为，这进一步为环境民事公益诉讼的举证工作增加了难度。

（二）环境行政公益诉讼的证明责任

我国在环境行政公益诉讼方面的起步较晚，在相关法律规定尚不健全完备时，频发的环境污染与环境侵权案件多由公民和环保组织承担原告的举证责任，依据传统的行政诉讼程序提起诉讼。但在这种"民告官"诉讼案件中，由于行政机关作为被起诉主体具备先天的资源与权力优势，诉讼过程中可能出现存在利用职务之便以权谋私的问题，公民、社会组织一类的民间力量作为原告在取证过程中面临着诸多困难。[①]

为打破这种不对等的诉讼关系，我国在环境行政公益诉讼的原告资格确定方面做出不少探索，寻求确定有力的环境行政公益起诉主体。2014年党的十八届四中全会初步提出"探索建立检察机关提起公益诉讼制度"，应发挥检察机关在环境行

[①] 戴明鑫：《行政公益诉讼举证责任研究》，南京财经大学2018年硕士学位论文。

政公益诉讼中的作用；2015年《公益诉讼授权决定》的出台正式确定了检察机关提起环境行政公益诉讼的法律地位。此后，不断细化调整检察机关提起环境行政公益诉讼的受案范围，由最初规定的包括国有资产保护、环境保护以及国有土地使用权出让等受案范围，调整为按照可以由检察机关提起行政公益诉讼的案件范围标准重新修订，其中环境领域的行政诉讼案件除了包括污染环境的案件外，还包括破坏环境和损害自然资源的案件。这表明我国在不断加强对于环境行政公益诉讼的关注的同时，也在不断推动环境行政公益诉讼的法律体系的进一步完善。

作为"环境公益诉讼起诉人"，检察机关必须承担相应的举证责任。在《公益诉讼试点工作办法》等文件中，除了着重强调了检察机关提起诉讼的法律地位，也对其相应的举证责任作出了具体要求。检察机关的举证责任根据司法程序可以分为诉前和诉中两部分：在诉前程序中，规定检察机关需要在正式提起诉讼前，向被告发出检察建议书，检察建议书的作用在于提醒行政机关依法履行行政职能，并发挥督促行政机关就其损害和破坏环境公益的行政行为，进行及时的整改和修订；在正式的诉讼程序中，检察机关要向审判机关提供环境公共利益受损的初步证明材料，包括被诉行政机关不作为或乱作为的事实依据、行政作为与环境公益损害事实之间的因果关系。在环境行政公益诉讼中，确定检察机关的"起诉人"的地位不仅能够有效利用检察机关的法律专业优势和人才优势，以专业力量和审慎态度实现受害者的权益最大化，还能够充分发挥检察机关作为重要法律监督机关的公信力，一定程度上能够保证自身在环境行政公益诉讼中得到认可和接受。

《行政诉讼法》规定，作为环境行政公益诉讼的另一方，行政机关必须承担主要的举证责任。被诉行政机关的主要举证责任是针对检察机关的举证内容提出的,检察机关主要的证明责任是提出行政机关违法行为或不作为的事实依据和与损害后果之间的因果关系证明。在此前提下,行政机关必须针对被诉行政行为的合法性做出事实和法律证明。也就是说,被诉行政机关需要提供与其在之前所做出的被认为是"损害环境"行为的法律依据,即做出该行为所依据的法律、法规等规范性法律文件,从而证明自己前期的行政行为与环境损害之间并不存在因果关系,同时提供环评专业机构做出的实质性论证与环评报告书等证据。需要注意的是,"卷宗主义"是被诉行政机关在提供相关证明材料时,所必须遵循的行为准则,也就是说行政机关在做出行政行为前要"先举证,后作为",保证所提供的证据是在被诉行政行为做出之前搜集的相关证明材料,而对于行政机关在做出行政行为之后搜集证明行政行为合法性的证据,法院在审理案件过程中不应予以采纳。

三、环境公益诉讼中举证责任分配规则

举证责任分配也被人们称为"举证责任分担",就其地位而言,无疑是举证责任部分最为重要的环节,直接关系到案件最终的判决结果。一般来说,举证责任的分配规则主要分为两类:一类主要依据"谁主张,谁举证"的原则,当事人要针对自己提出的诉讼主张提供相应的证据予以证明,这类分配规则适用于一般的私益诉讼,如《民事诉讼法》第六十四条规定了民事诉讼举证责任分配的一般规则为"谁主张,谁举证";而对于环境侵权这类诉讼案件,在环境侵权行为的受害人与证据之间的距离、对证据的获取能力等方面均存在特殊

性，各国一般采用的是特殊的举证责任分配规则——"举证责任倒置"。①

在环境侵权案件中，举证责任倒置是建立在一般举证责任分配的基础之上的。也就是说，"谁主张，谁举证"是一种正置顺序，要以此为前提，对环境侵权案件的相关要件实行倒置。对此，《民法典》第一千二百三十条规定，因污染环境、破坏生态发生纠纷，行为人应当就法律规定的不承担责任或者减轻责任的情形及其行为与损害之间不存在因果关系承担举证责任。对于举证责任倒置需要注意两点：一是举证责任倒置的出发点在于维护法律的公平性，在环境侵权案件中，如果坚持"谁主张，谁举证"的规则，那么原告即被侵权人就要承担所有的举证责任，但在证据搜集以及环境损害后果等方面来看，原告处于绝对的弱势地位，面临极大的败诉风险。② 因此，为实现公平，在环境侵权案件中坚持"举证责任倒置"规则。二是这种"倒置"并不是对所有的举证责任进行完全倒置，即有限倒置。在环境侵权案件中，不能将全部的举证责任强加给被告一方，原告也要承担相应的举证责任。被告仅承担部分举证责任，在具体的证据材料上，需要提供"其行为与损害之间不存在因果关系"的证据材料。③

纵观我国目前的立法与司法现状，虽然在关于环境侵权案件的具体司法实践中遵循的是举证责任倒置的规则，但在法律

---

① 刘洁：《生态环境公益诉讼中的举证责任研究》，中南大学 2013 年硕士学位论文。
② 何浏：《环境民事公益诉讼举证责任分配研究》，重庆大学 2018 年硕士学位论文。
③ 陈加玲：《环境民事公益诉讼中的证明责任合理分配研究》，昆明理工大学 2017 年硕士学位论文。

层面尚未针对环境民事公益诉讼是否适用举证责任倒置的规则作出专门规定。因此，有学者指出，《民法典》第一千二百三十条关于环境侵权中的举证责任倒置规则不应当适用于公益诉讼；也有学者认为，环境侵权中的举证责任倒置是否适用于公益诉讼，应当区分提起环境民事公益诉讼的原告是国家机关还是社会组织。① 在国家机关提起环境民事公益诉讼的情况下，由于国家机关可以通过行使公权力查清违法事实，其举证能力一般被认为远远强于作为平等主体的侵权行为人，而举证责任倒置这一特殊规则的设立目的在于平衡平等主体之间在特定情形下的举证能力差异，因此国家机关提起的环境民事公益诉讼没有适用举证责任倒置规则的法理基础。在法律规定的环保社会组织等提起环境民事公益诉讼的情况下，因为环保社会组织在举证能力方面并不存在国家机关的优势条件，其仍面临举证困难，与作为平等主体的污染环境、破坏生态的行为人在侵权行为与损害后果之间是否存在因果关系这一要件的举证能力上仍然存在较大差异，故仍有举证责任倒置规则的法理基础。

针对上述观点，笔者认为，从现行有效的法律和司法解释出发，应当认为无论是国家机关还是法律规定的环保社会组织提起环境民事公益诉讼，均应当适用举证责任倒置的规则。首先，《民法典》第一千二百三十条及其他相关的法律条文在规定"因污染环境、破坏生态发生纠纷"这一类型的案件所适用的举证责任时，均未明确排除任何不适用前述举证责任倒置规则的情形。也就是说，我国现行有效的制定法并未对国家机关或者法律规定的环保社会组织提起环境公益诉讼不适用举证

---

① 王利明：《环境民事公益诉讼中不能主张惩罚性赔偿》，载《广东社会科学》2021年第1期。

责任倒置规则进行说明。《民法典》第一千二百三十条是针对"因污染环境、破坏生态发生纠纷"的案件中行为人的举证责任进行的规定，环境民事公益诉讼当然属于"因污染环境、破坏生态发生纠纷"这一范畴，故不难推导出环境民事公益诉讼案件中也应当适用举证责任倒置的规则，即在环境民事公益诉讼中，行为人也应当就其行为与损害之间不存在因果关系承担举证责任。其次，最高人民法院《关于审理生态环境损害赔偿案件的若干规定（试行）》第六条对于生态环境损害赔偿诉讼中原告主张被告承担生态环境损害赔偿责任的举证责任进行了规定，其中包括"被告污染环境、破坏生态的行为与生态环境损害之间具有关联性"。这与最高人民法院《环境侵权纠纷解释》第六条关于被侵权人举证责任的规定相一致。换言之，司法解释要求原告对被告行为与损害结果之间具有"关联性"而非"因果关系"承担举证责任。从该条司法解释不难看出，最高人民法院并不认为在生态环境损害诉讼中，因为国家机关的举证能力强于作为平等主体的侵权行为人，就不适用举证责任倒置的规则。通过类比推理，不难得出，在环境民事公益诉讼中也应当适用举证责任倒置的规则。最后，规定举证责任的目的不仅在于原告或者被告哪一方有提供证据材料证明待证事实的义务，更多的是对于当发生举证不能的情形时，不利后果由哪一方承担进行规定。如果认为国家机关提起的环境民事公益诉讼不适用举证责任倒置规则，就意味着，当国家机关不能举证证明侵权行为与损害之间存在因果关系时，败诉的不利后果由国家机关承担，这显然不利于维护公共利益。综上所述，从现行有效的法律和司法解释出发，在环境民事公益诉讼中，行为人应当对其行为与损害之间不存在因果关系承担举证责任。

在环境行政公益诉讼中，由于没有法律法规对环境行政公益诉讼的举证责任的分配进行特殊规定，应适用行政诉讼中关于举证责任分配的一般规定。《行政诉讼法》第三十四条指出："被告对作出的行政行为负有举证责任，应当提供作出该行政行为的证据和所依据的规范性文件。"根据该条规定，环境行政公益诉讼的被告对其作出的行政行为的合法性和合理性负有举证责任。需要注意的是，"两高"《检察公益诉讼解释》第二十二条第二款规定，人民检察院提起行政公益诉讼，应当提交关于被告违法行使职权或者不作为，致使国家利益或者社会公共利益受到侵害的证明材料。该条是对检察机关提起行政公益诉讼应当提交哪些材料作出的规定，按照规定提交相应材料的，人民法院予以登记立案，并非是关于举证责任分配的规定。

第六章 ▶ 环境公益诉讼的程序规则

第一节 环境公益诉讼的诉前程序

一、环境民事公益诉讼的诉前程序

（一）创设阶段

我国环境民事公益诉讼的诉前程序创设于 2015 年，全国人大常委会出台的《公益诉讼授权决定》规定了检察机关在环境民事公益诉讼中的定位是监督者、纠正者和支持者。一是需要在提起公益诉讼前依法监督行政机关的违法行政行为并及时纠偏，督促其依法履行职责；二是需要督促或者给予具备法定公益诉讼资格的机关和有关组织相应的支持。该决定发布后试点工作陆续在北京、广东等 13 个省、自治区、直辖市展开。随后最高人民检察院发布了《公益诉讼试点工作办法》，规定了详细的诉前流程，要求检察机关在作为原告提起公益诉讼前，应先依法督促或者支持法律规定的机关或有关组织提起民事公益诉讼，法律规定的机关或有关组织在收到督促或支持起诉意见书的一个月内，没有提起环境民事公益诉讼，且社会公共利益仍处于受侵害状态的，检察机关才有权对"实施损害社会公共利益行为的公民、法人或者其他组织"提起诉讼，且被告没有反诉权。

（二）立法阶段

2017年试点到期后，检察机关提起环境民事公益诉讼的诉前程序被正式写进了《民事诉讼法》。全国人大常委会对《民事诉讼法》第五十五条作了修订，明确规定了人民检察院在公益诉讼中的具体职责，强调当发现生态环境和资源破坏问题、食品安全问题等涉及公共利益的行为损害了消费者合法权益时，如果法律没有对有权提起诉讼的机关和有关组织作出规定或者法律规定的机关和组织不提起诉讼，可以由人民检察院向人民法院提起诉讼。若法律规定的机关或者组织提起诉讼，人民检察院可以作为支持者，予以支持。该条文将检察机关起诉的职权置后，只有在其他有权起诉的机关或组织不提起诉讼的情况下，检察机关才有权起诉，延续了试点期诉前程序的做法。

（三）完善阶段

由于环境民事公益诉讼的起诉主体具有多元性，检察机关向这些起诉主体发出检察建议书需要大量的人力物力成本投入，制约了检察机关工作的正常推进。2018年"两高"联合发布的《检察公益诉讼解释》，有针对性地简化了检察机关在民事公益诉讼中的诉前程序。检察机关不再需要在提起诉讼前提出检察建议并制发起诉意见书。该解释第十三条规定，当检察机关在履行职责中发现破坏生态环境和资源、威胁食品药品安全等侵害众多消费者合法权益、损害社会公共利益的行为时，准备提起公益诉讼前，只需按照法律作出期限为三十日的公告，若三十日内无法律规定的机关或有关组织提起诉讼，则由检察机关直接提起诉讼。

2020年以来，部分省份的省级人大常委会陆续出台《关于加强检察公益诉讼工作的决定》（以下简称《决定》），在环境民事公益诉讼的诉前程序方面有了新的突破，即借鉴生态环境损害赔偿诉讼，设立诉前磋商程序。比如，上海市人大常委会《决定》第三条第二款规定，侵权行为人自行纠正违法行为，采取补救措施，或者承诺整改的，检察机关可以就民事责任的承担与侵权行为人进行磋商。经磋商达成协议的，可以向审判机关申请司法确认。经磋商未达成协议的，检察机关应当及时提起民事公益诉讼。又如，江苏省人大常委会《决定》第十一条第二款规定，对侵害程度较轻、损害数额较小的民事公益诉讼案件，在确保程序公正和受到损害的公益得到修复的前提下，检察机关可以在起诉前与侵权人就损害赔偿、公益修复等民事责任承担达成协议。人民检察院应当将协议内容公告，公告期限不少于三十日；公告结束后，可以向人民法院申请司法确认。第三款进一步规定，侵权人履行协议，全面修复受损公益或者足额支付公益损害赔偿金的，检察机关不再提起诉讼；侵权人不履行或者不完全履行协议的，检察机关应当依法提起公益诉讼。侵权人不履行或者不完全履行经司法确认协议的，由人民法院强制执行。可以看出，相比上海市的规定，江苏省进一步明确了可以启动诉前磋商程序的案件范围，即"侵害程度较轻、损害数额较小的民事公益诉讼案件"。在程序上，江苏省在上海市规定的基础之上，增加了公告程序，要求达成磋商协议后进行不少于30日的公告。除此之外，江苏省明确了经磋商达成并经司法确认的协议具有强制执行力。

二、环境行政公益诉讼的诉前程序

环境行政公益诉讼的诉前程序，是指检察机关在提起环境行政公益诉讼前，依法监督有关行政主体依法履行职责的程序。[①] 在诉前程序中，检察机关可以向有关行政机关发出"检察建议"，监督行政机关纠正违法或消极履职的行为，及时保护公共利益。该程序同样创设于2015年，在2017年正式入法。

（一）创设阶段

2015年全国人大常委会出台的《公益诉讼授权决定》，同样规定了行政公益诉讼。随后最高人民检察院发布的《公益诉讼试点工作办法》，其核心内容是在提起行政公益诉讼前，检察机关需先向行政机关提出检察建议，若行政机关在1个月的法定期限内未能整改到位，检察机关才能提起诉讼。该诉前程序的目的在于充分发挥行政机关内部的自我纠错功能，并以此降低司法成本。

（二）立法阶段

2017年修订的《行政诉讼法》第二十五条规定："人民检察院在履行职责中发现生态环境和资源保护等领域负有监督管理职责的行政机关违法行使职权或者不作为，致使国家利益或者社会公共利益受到侵害的，应当向行政机关提出检察建议，督促其依法履行职责。行政机关不依法履行职责的，人民检察院依法向人民法院提起诉讼。"也就是说，检察机关在提起行

---

① 蔡文灿、杨森：《我国环境行政公益诉讼诉前程序的困境与完善》，载《哈尔滨学院学报》2020年第5期。

政公益诉讼前,必须履行该程序,以法律的形式强调了行政公益诉讼的必备诉前程序中检察建议的重要性。该程序不仅强化了检察机关的法律监督职能,起到监督行政机关依法行政的作用,同时能够在一定程度上节约司法资源。

(三) 完善阶段

2018 年,"两高"《检察公益诉讼解释》中,行政公益诉讼诉前程序的相关条款得到进一步细化。该解释第二十五条规定,"行政机关应当在收到检察建议书之日起两个月内依法履行职责,并书面回复人民检察院。出现国家利益或者社会公共利益损害继续扩大等紧急情形的,行政机关应当在十五日内书面回复",将诉前程序的履行期限从 1 个月延长至 2 个月。为行政机关面对复杂性问题的整改留出了更多的时间,也减缓了检察建议泛化与行政机关落实困难之间的冲突。为响应检察机关诉前修复公益,实现双赢多赢共赢的理念,部分地方专门出台规范性文件要求行政机关重视诉前检察建议,比如《湖南省人民政府关于持检察机关依法开展公益诉讼工作的意见》第四项要求,诉前检察建议的办理情况纳入法治政府建设考核内容,对于因不落实检察建议导致国家利益和社会公共利益的损失进一步扩大,检察机关启动公益诉讼程序的,要依法追究有关单位和人员的责任。

第二节　环境公益诉讼的诉讼时效和起诉期限

当前,有关环境公益诉讼的诉讼时效和起诉期限尚未有明确的法律规定,① 在一定程度上使得环境公益诉讼受到了被告法理上的责难,也对相关裁决的公正性与权威性构成了挑战。2014年修订的《环境保护法》第五十八条规定从立法层面确立了我国的环境公益诉讼制度。然而,该法并没有对环境公益诉讼的诉讼时效和起诉期限予以规定。此后全国人大常委会出台的《公益诉讼授权决定》、最高人民检察院出台的《公益诉讼试点工作办法》和"两高"联合发布的《检察公益诉讼解释》等规范性文件,也未对诉讼时效和起诉期限进行规定,在理论界与实务界留下了争论空间。基于此,笔者以下将从环境民事公益诉讼和环境行政公益诉讼两个层面,就当前诉讼时效和起诉期限的规定缺失这一问题展开详细论述。

一、环境民事公益诉讼的诉讼时效

我国对关于环境民事私益诉讼的诉讼时效早已有了明确的法律规定。2014年修订的《环境保护法》第六十六条规定,"提起环境损害赔偿诉讼的时效期间为三年,从当事人知道或者应当知道其受到损害时起计算"。该条文"当事人"和"其"等法律文本明确了"环境损害"的性质和法律适用范围,以此表明对私益诉讼的时效限制。2017年通过的《民法总则》第一百八十八条规定,"向人民法院请求保护民事权利的诉讼时效期间为三年",该诉讼时效是从"权利人知道或者应当知道权利受到损害以及义务人之日起计算"。至此,我国法律将环境民事私益诉讼的诉讼时效明确规定为三年。

---

① 李庆保:《论环境公益诉讼的起诉期限》,载《中国政法大学学报》2020年第2期。

相对于环境民事私益诉讼时效的明确规定，现行法律对环境民事公益诉讼的诉讼时效问题，尚未给出一个明确具体的答案，在学界和法律实践层面仍存在不少争议。[①] 要回答环境民事公益诉讼的诉讼时效问题，就必须明确环境民事公益诉讼与环境民事私益诉讼在本质上存在的区别。环境民事私益诉讼以个人利益补偿为诉求，维护的是自己的合法权益，但环境民事公益诉讼则是为了维护社会公共利益。这一区别决定了起诉的难度差别，一方面是在知晓环境损害的及时性方面，环境民事私益诉讼的原告是直接的环境污染接触者与利益受损者，能够及时了解到环境损害并提起诉讼；而环境民事公益诉讼的原告则一般是社会公益组织或检察机关，这些组织或者机关客观上可能与环境侵权行为地存在较远距离，不一定能第一时间了解到存在环境污染的情况，若适用普通民事诉讼的时效，待其发现相关问题时，往往已经超过了环境私益诉讼规定的时效，故不应无差别地直接适用环境私益诉讼时效。另一方面是若由检察机关先行发现环境污染问题，需要经由诉前程序，在经过两个月的公告期并无其他组织或机构提起环境公益诉讼时，检察机关才可提起诉讼，环境民事公益诉讼的起诉流程较私益诉讼更为复杂漫长，也不适合直接适用环境民事私益诉讼的诉讼时效。而当前的法律法规中，对环境民事公益诉讼的诉讼时效尚未有独立、明确的法律规定，由此，环境民事公益诉讼的诉讼时效应该设为三年、五年、十年、二十年抑或不设限，类似讨论至今仍不绝于耳。

[①] 李树训、冷罗生：《环境民事公益诉讼的诉讼时效》，载《中国地质大学学报》（社会科学版）2019年第7期。

二、环境行政公益诉讼的起诉期限

有关环境行政私益诉讼的起诉期限，我国法律也早已有了明确的规定。2014年修订的《行政诉讼法》第四十六条规定，"公民、法人或者其他组织直接向人民法院提起诉讼的，应当自知道或者应当知道作出行政行为之日起六个月内提出"。这一规定的目的在于维护当事人的合法权益与行政行为的确定性，核心宗旨是保护行政相对人，当行政相对人的合法权益受到行政行为侵犯时，行政相对人可通过此种救济途径提起行政诉讼，维护自己被行政行为侵犯的权益，它是一种"民告官"的救济途径。环境行政私益诉讼是在行政相对人的环境权益被行政行为侵犯时，行政相对人采取诉讼方式维护自己的合法权益，① 显然在《行政诉讼法》的效力范围内，起诉期限应当适用该法第四十六条的规定。

环境行政公益诉讼的被告是行政机关，其核心宗旨是维护公共利益。② 一方面，行政主体的行政行为对环境利益的侵害往往具有潜伏性与滞后性；另一方面，行政主体的行政行为对国家和社会环境利益的侵害往往具有因果关系的复杂性，③ 在调查取证方面难度更高，而环境行政公益诉讼保护的是社会公共利益，保护对象又具有特殊性，诉讼具有更高的效益价值。

---

① 张瑞体：《行政诉讼立法目的的问题》，载《法制与社会》2014年第5期。
② 万宏伟：《环境民事公益诉讼的理解与完善》，载《甘肃理论学刊》2014年第2期。
③ 韩平静：《论行政公益诉讼起诉期限的设置》，载《中国检察官》2018年第8期。

因此，六个月的环境行政私益诉讼起诉期限无法满足环境行政公益诉讼在复杂实践中的需求。如何规定其起诉期限的时间长度，还有很大的探讨空间。

在环境污染与生态破坏案件频发的社会现实下，无论是环境民事公益诉讼还是环境行政公益诉讼，都亟须出台明确诉讼时效和起诉期限有关规定的法律法规，从立法层面解决当前的争论和司法实践中的困局。一方面，从法律层面明确环境公益诉讼的起诉期限与诉讼时效有利于维护我国立法体系与司法体系的统一性与权威性，统一全国的法律适用标准，让原被告不再就此事产生更多法律上的纠纷；另一方面，它有利于降低检察机关与行政机关相对立的可能性，缓和二者因环境行政公益诉讼问题带来的紧张关系。在环境公益诉讼的诉讼时效和起诉期限未作出明确规定的情况下，会加大检察机关拖延处理环境公益诉讼事项的可能性，而明确诉讼时效和起诉期限，能够让其更具紧迫感，尽快实质性地化解纠纷，有利于提高环境公益诉讼的工作效率，保证检察机关提起诉讼的时效性。

第三节　环境公益诉讼的管辖制度

明确的管辖权是人民法院行使审判权力的必要基础，也是各级、各地人民法院之间合理分工、各司其职、各尽其责的重要保障。一方面，法律上有明文规定的管辖权可以为人民法院提供程序正当性的保障，明确人民法院合法审判案例的司法地位；另一方面，明确的管辖权也对各级、各地人民法院形成监督与约束，避免法院之间对复杂、棘手的案件相互推诿，导致案件迟迟得不到审判，问题迟迟得不到有效解决。此外，管辖权的明确也有助于诉讼人顺利找到有立案管辖权的法院提起诉讼，有效规避求告无门的情况发生。

一、环境民事公益诉讼的管辖制度

民事诉讼案件的管辖，指的是人民法院之间受理第一审民事案件的分工和权限，它包含了地域管辖与级别管辖两个方面。① 在我国 2012 年修订的《民事诉讼法》中，第五十五条新增了有关环境公益诉讼的条款，但并没有对环境民事公益诉讼的管辖权进行明确与细化，只有第十七条"基层人民法院管辖第一审民事案件，但本法另有规定的除外"与第二十一条"对公民提起的民事诉讼，由被告住所地人民法院管辖；被告住所地与经常居住地不一致的，由经常居住地人民法院管辖"对普通民事诉讼的地域管辖和级别管辖作出了规定。新增的环境民事公益诉讼究竟应该适用怎样的管辖规定，在法律中仍处于空白的状态，不明确的管辖权归属给环境民事公益诉讼案件的起诉与审判都带来了一定的阻碍，使得环境公益诉讼案件得不到及时有效的审判。

虽然 2015 年的《公益诉讼授权决定》、2016 年的《公益诉讼试点工作办法》、2017 年修订的《民事诉讼法》相继出台，但有关环境民事公益诉讼管辖权的问题，依然未得到合理有效的解决。直至 2018 年，"两高"联合发布《检察公益诉讼解释》才明确了法院在环境民事公益诉讼案件中的管辖权。

---

① 刘学锋、马黎：《环境民事公益诉讼程序的法院职权干预》，载《人民司法》2014 年第 8 期。

该解释第五条的规定,"市(分、州)人民检察院提起的第一审民事公益诉讼案件,由侵权行为地或者被告住所地中级人民法院管辖",这一解释也对法院在环境公益诉讼中的管辖条件提出精确化要求,保证了环境民事公益诉讼的顺利进行。但是,《检察公益诉讼解释》中有关管辖权规定的出台,非但未能平息争议,反而使得环境民事公益诉讼的管辖权究竟应该落于何处成为一个更热门的争论话题,争议的焦点则集中于对环境民事公益诉讼案件沿用"原告就被告"原则的质疑。首先,在环境民事公益诉讼案件中,侵权行为往往具有弥散性,污染物会随着水、大气等传播介质扩散到诸多区域,这导致侵权行为地与侵权结果地往往并不一致,《检察公益诉讼解释》中的规定要求管辖权落于侵权行为地或者被告住所地的中级人民法院,使得被侵权地区的人民法院不具备案件的管辖权。其次,管辖权在一定程度上将影响人民对审判结果公正性的感知。环境民事公益诉讼案件由侵权行为发生地的人民法院管辖,可能引起地方保护主义对案件影响的质疑,环境侵权行为的主体可能是对当地经济发展有较大贡献的地方企业等,实践中地方保护主义影响案件审判结果的情况也屡有发生。考虑到设计环境公益诉讼是以维护公共利益为目的,更要保持公平公正,理论界与实务界对"原告就被告"这一原则的质疑声,至今仍未消弭。

就当前颇具争议的形势而言,环境民事公益诉讼案件因环境污染的扩散性质与追求公共利益维护的目的,并不适宜直接沿用普通民事诉讼案件"原告就被告"的地域管辖原则。为提高审判效率与审判公正性,对环境民事公益诉讼案件的管辖权具有针对性地专门立法或许是更好的解决路径,由是既有利于维护司法的公信力,也有利于调动各界在保护环境方面的主观能动性。

二、环境行政公益诉讼的管辖制度

与环境民事公益诉讼管辖权的确立历程相似，2017年修订的《行政诉讼法》初步从立法层面确立了环境行政公益诉讼制度，但是内容较为笼统，对案件的管辖权归属问题也并未涉及。直至2018年《检察公益诉讼解释》的出台才真正确定了环境行政公益诉讼中法院的管辖权，其中第五条第二款明确规定，"基层人民检察院提起的第一审行政公益诉讼案件，由被诉行政机关所在地基层人民法院管辖"。可见，当前环境行政公益诉讼的管辖制度设计，遵循的是一般行政诉讼制度的原则，与环境民事公益诉讼管辖制度的设计遵循一般民事诉讼制度的原则相似。虽然有利于基层检察院与基层法院就地进行调查取证与审判，但这种管辖制度的设计也存在着显著的缺陷，并由此招致了一系列的质疑与批评。

有关环境行政公益诉讼管辖制度的质疑与批评集中于基层法院责任与能力的不匹配。环境行政公益诉讼案件相较于环境民事公益诉讼案件，具有涉案领域更广、案件性质更为复杂、被告主体同时具有对案件的干预意愿与干预能力等多重特性。[①] 基层法院作为审判环境行政公益诉讼案件的中坚力量，在地方保护主义和部门化利益尚未完全消散的背景下，将无可避免地与地方政府意志的干预展开博弈。诸多生态环境领域的行政不作为、乱作为，其本质是地方政府谋求经济发展过程中的产物，地方政府并无意愿配合检察院的调查与法院的审判，

---

① 宋卫东、王子涵：《行政公益诉讼管辖权的配置》，载《中国检察官》2018年第9期。

而基层检察院与基层法院在调查基层政府及其工作人员的过程中，也势必遭受到更多的阻碍。因而，对基层政府及其工作人员侵犯公共环境权益行为的起诉权与审判权，并不应由基层检察院与基层法院行使，而应由更高一级的机关行使。

总体而言，无论是环境行政公益诉讼管辖制度，还是环境民事公益诉讼管辖制度，都需要在传统管辖制度的层面上进行一定的创新。一方面，有利于从结果层面进一步避免调查取证与审判过程中的干扰，保障审判的质量，提高司法的公信力；另一方面，也有利于进一步避免管辖的混乱，为保护公共环境权益提供更好的程序保障。

三、跨行政区划环境公益诉讼案件的管辖制度

环境污染往往具有流动性，污染物容易扩散迁移，导致环境污染造成的影响超出行政区划，甚至跨越多个行政区划。有鉴于此，《环境保护法》第二十条规定："国家建立跨行政区域的重点区域、流域环境污染和生态破坏联合防治协调机制，实行统一规划、统一标准、统一监测、统一的防治措施。"如前所述，传统的司法管辖制度以行政区划为基础建立，包括地域管辖、级别管辖等。现行法没有针对跨行政区划环境公益诉讼案件的管辖进行单独规定，但不难看出，将传统的司法管辖制度应用在跨行政区划环境公益诉讼案件存在明显的局限性：一是在环境民事公益诉讼案件中，可能存在多个法院都对案件有管辖权的情况，这些有管辖权的法院可能相互推诿，怠于行使管辖权，也可能争相行使管辖权，甚至有可能造成"多头诉讼"局面；二是环境污染的流动性，导致修复环境需要多地行政机关共同发力，如果案件由一个地方法院管辖，和环境

受损的地方行政机关之间的沟通与协作可能存在困难。此前针对跨行政区划环境公益诉讼案件，常通过提级管辖、指定管辖、专门管辖等制度确定管辖法院，但针对这类制度应用于环境公益诉讼案件方面的规定也不够明确具体，导致各地做法不一，缺乏统一的制度规制；并且通过前述管辖制度确定案件管辖法院的程序通常较为复杂，不利于节约司法资源，提高诉讼效率。

人民法院专门针对这类案件在"建立与行政区划适度分离"的管辖制度方面作出了一定的探索，这些探索具有积极的实践意义，其中最为典型的当属集中管辖。集中管辖是指将分散由各级人民法院管辖的环境案件集中交由少数的、审判力量较强的设有环境资源专门审判机构的法院管辖。① 早在2007年，贵州省就在该省5个基层法院设立了环保法庭，对跨市、州的生态环境案件行使管辖权。2014年，中央全面深化改革领导小组提出，"设立跨行政区划法院，对跨区域的民商事、行政和环境资源案件行使管辖权"。新修订的《行政诉讼法》第十八条规定："经最高人民法院批准，高级人民法院可以根据审判工作的实际情况，确定若干人民法院跨行政区域管辖行政案件。"集中管辖主要有以下几点优势：一是能破除地方保护主义干扰；二是统一案件管辖和审判口径，避免"多头诉讼"和"同案不同判"；三是有利于案件审判专业化，节约诉讼资源，提高诉讼效率；四是避免环境修复"分区治理"各自为政，有效践行修复性司法理念。集中管辖能有效解决环境公益诉讼案件的管辖难题，但集中管辖也有待进一步加强顶层

---

① 余德厚：《跨行政区划环境资源案件的司法管辖制度研究》，载《法学杂志》2017年第2期。

设计，完善相关配套法律，统一各地做法。此外，还需细化与集中管辖制度相配套的监督机制，防止管辖法院滥用职权。

检察机关提起环境公益诉讼作为一项新制度，其管辖问题更具复杂性。其一，检察机关可以提起环境行政公益诉讼、环境民事公益诉讼、环境刑事附带民事公益诉讼，甚至环境行政附带民事公益诉讼，不同诉讼程序的设计将导致检察院须合理调度不同诉讼制度管辖机制的协同。其二，环境公益诉讼不仅涉及检察机关，还涉及法院和行政机关，因而又面临不同公权力机关管辖制度的衔接。其三，如前文所述，检察机关提起环境公益诉讼也需要破除地方保护主义的不当干预与阻挠。

就公益诉讼案件的管辖，检察机关形成了"案件行政区划常态化办理、跨行政区划例外办理的基本管辖原则"①，也针对跨行政区划环境公益诉讼案件的管辖进行了积极探索。如北京市人民检察院第四分院管辖北京市范围内区级以上人民政府违法履职或者不作为的环境行政公益诉讼案件，以及一般的环境民事公益诉讼案件。又如江苏省按生态功能区划设立了九个基层法院环境资源法庭，分别集中管辖江苏省内应当由基层法院审理的一审环境资源案件，并设立南京环境资源法庭，集中管辖全省应当由中级法院管辖的一审环境资源案件，以及相关上诉案件。此外，江苏省跨行政区划行政公益诉讼起诉案件原则上实行异地管辖，并在长江、大运河、太湖等流域设置机动管辖检察院，对流域内案件行使优先立案调查管辖权。再如河南省对省内黄河流域环境检察公益诉讼案件实施集中管辖，集中由郑州铁路运输两级检察院和法院管辖，并形成了"诉

---

① 孙全喜：《跨行政区划公益诉讼检察机制研究》，载于《河南社会科学》2020年第6期。

前以属地为主，起诉归属管辖"的环境公益诉讼案件管辖原则。虽然各地检察机关就办理环境公益诉讼案件的管辖开展了因地制宜的探索，但各种不同的模式优缺点依然明显，相关理论还有待进一步完善，进而推动顶层设计，让制度更加规范化和精细化。

第四节　环境公益诉讼的立案机制

环境公益诉讼立案机制具体可分为环境民事公益诉讼立案机制和环境行政公益诉讼立案机制两种基本类型。前者是指对特定的国家机关、社会组织和公民依据《民事诉讼法》相关规定，以民事主体为被告向人民法院提起的环境民事公益诉讼，人民法院在接到起诉状时，判定是否符合规定的环境民事公益诉讼起诉条件，从而决定是否登记立案的相关制度。后者是指对特定的国家机关、社会组织和公民依据《行政诉讼法》相关规定，以行政机关或其他公权机关为被告向人民法院提起的环境行政公益诉讼，人民法院在接到起诉状时，判定是否符合规定的环境行政公益诉讼起诉条件，从而决定是否登记立案的相关制度。不论是环境民事公益诉讼还是环境行政公益诉讼，各级人民法院都实行登记立案制。

我国自 2015 年 5 月 1 日起在全国各级法院正式实行立案登记制，当事人向人民法院起诉时，人民法院只对当事人起诉是否具备形式要件进行审查，只要符合法律规定的条件，人民法院就必须接受诉状并登记立案，同时不再进行实质性的判断，防止实践中出现未审先判的现象，旨在解决有案不立、有诉不理等立案难的问题。在登记立案制下，人民法院在接受起诉状后对于当事人提起的环境民事公益诉讼和环境行政公益诉讼一般有登记立案、先予立案、裁定不予立案和给予指导并释明四种处理方式。关于登记立案，当特定的国家机关、社会组织和公民提起环境公益诉讼时，当场或七日内能够判断符合环境公益诉讼起诉条件的，人民法院应当登记立案。关于先予立案，特定原告主体，如国家机关、社会组织和公民等提起的环境公益诉讼，当场不能够判断符不符合环境公益诉讼起诉条件的，人民法院应当先予立案，即应当接收起诉状，出具注明收到日期的书面凭证，并在七日内决定是否立案。关于裁定不予立案并载明不予立案的理由，对于当场能够判断不符合环境公益诉讼起诉条件的环境公益诉讼，人民法院应当作出不予立案的裁定，同时裁定书应当载明不予立案的理由。关于指导、释明，对于环境公益诉讼中内容完整度和正确性差的起诉材料，人民法院承担纠正和指导的责任，并在第一时间内完整告知当事人需要补正的内容、材料及期限，不得未经指导和释明即以起诉不符合环境公益诉讼起诉条件为由不接收起诉状。对于此种处理方式，人民法院需要根据当事人对指导和释明的反馈进一步确定不同情况之下是否应当登记立案。如果当事人在指定期限内补正并符合环境公益诉讼起诉条件的，应当登记立案；如果当事人拒绝补正或者经补正仍不符合环境公益诉讼起诉条件的，退回起诉状并记录在册；如果当事人拒绝补正或者经补正仍不符合环境公益诉讼起诉条件且坚持起诉的，裁定不予立案，并载明不予立案的理由。人民法院在受理公益诉讼案件后，首先"应当在立案之日起五日内将起诉书副本送达被告，并公告案件受理情况"。但"如果人民检察院已履行诉前公告程序的，人民法院立案后不再进行公告"。① 其次应当在十日内书面告知相关行政主管部门，此为法院受理公益诉讼案件后向行政主管部门通报制度，以督促行政机关依法及时行使职权，维护公共利益。

在环境公益诉讼中，当事人对人民法院上述处理方式不服的，可以通过以下途径进行权利救济：一是对于人民法院应当立案而不立案的行为，当事人可以直接向上一级法院提出上诉。二是若当事人遇到受理案件的人民法院未依法受理起诉、在接收起诉材料时未向当事人提供有关证明，或人民法院未依法告知当事人提供全部起诉要件和补充材料等受理瑕疵行为时，当事人可依法向上级法院投诉，上级法院有义务承担纠错责任，下达改正命令，并对直接负责人和其他直接责任人依法给予相应处分。② 三是"不立不裁"，也就是说受理法院迟迟不进入立案程序，并且也不做出立案的裁决，当事人有权向上一级法院进行诉讼，上一级法院在对相应的起诉条件进行确认之后，应当立即进入审理的司法程序，也可以授予其他指定法院管辖权，要求指定法院进行立案、审理。③

---

① 《最高人民法院、最高人民检察院关于检察公益诉讼案件适用法律若干问题的解释》第十七条。
② 吴鹏、胡锦光：《〈行政诉讼法〉修改与法治国家建设》，载《国家行政学院学报》2015 年第 1 期。
③ 《最高人民法院关于审理环境民事公益诉讼案件适用法律若干问题的解释》第十条、《最高人民法院、最高人民检察院关于检察公益诉讼案件适用法律若干问题的解释》第十五条、《最高人民法院关于审理环境民事公益诉讼案件适用法律若干问题的解释》第十七条。

第五节 环境公益诉讼的调解、和解与撤诉

一、环境公益诉讼的调解制度

(一) 环境民事公益诉讼的调解

调解一般包括法院调解和人民调解委员会调解两种类型，环境民事公益诉讼中的调解属于法院调解。环境民事公益诉讼案件的调解过程中，人民法院承担着主要的调解者角色，[①] 调解的主体包括双方当事人和审理该案件的审判人员。[②] 在这类环境公益诉讼中，法院必须承担调解者的角色，秉承公平公正的原则，针对环境民事公益诉讼中双方当事人存在争议之处，引导双方进行谈判协商，化解双方的矛盾纠纷，由此推进环境公益诉讼案件有序审理。与人民调解委员会的调解相比，法院调解属于公力救济，法院制作的调解书可以强制执行，这是法院行使审判权的重要体现。而人民调解委员会的调解属于社会救济，不具备明显的强制性特征。因此，环境民事公益诉讼的调解属于公力救济的一种手段。

但需要注意的是，在普通诉讼程序中，当事人之间也可以自由进行调解，但不是所有的环境民事公益诉讼的案件都适合

[①] 《最高人民法院关于审理环境民事公益诉讼案件适用法律若干问题的解释》第二十五条.
[②] 于丹丹：《环境民事公益诉讼中的调解制度研究》，安徽大学 2017 年硕士学位论文。

调解，有些案件可以调解，有些案件不适合调解；有些案件要尽量调解，有些案件不要调解。对环境民事公益诉讼的调解范围做出划分，体现了在此类诉讼案件中调解制度应用范围的有限性。[1] 这主要考虑到环境民事公益诉讼涉及国家和社会公共利益，当事人双方不得以牺牲国家或社会公共利益为代价而进行调解，也就是说，基于对国家和社会公共利益的考量，在关联到国家和社会公共利益的一类环境民事公益诉讼中，被侵权者或者其他受害人不可以与被告在赔偿数额等方面进行面对面协商或和解。那么，哪些案件应尽量调解呢？一是案件比较简单，事实比较清楚，对生态环境影响较小的案件，比如养殖场污染案件。二是需要鉴定又难以鉴定的案件，比如地下水污染，污染的程度、范围难以确定。三是难以找到评估机构或者鉴定方法不成熟的案件，比如湿地等一些特殊生态功能损失的鉴定。四是鉴定费过高的案件。有些环境民事公益诉讼案件鉴定费非常高，动辄数百万元，如果能调解尽量调解，避免筹集高昂的鉴定费，且还原损害结果的鉴定过程也有风险。

环境民事公益诉讼调解的达成需要遵循自愿和合法两个基本原则。前者要求无论是程序上是否以调解的方式解决纠纷，还是实体上调解协议的达成，都要建立在当事人自愿的基础上，后者强调在程序上要遵循法律程序，形成的调解协议不得违反法律的强制性规定。人民法院在遵循自愿原则和合法原则的基础上，以《民事诉讼法》《环境保护法》等环境民事公益诉讼有关的法律规范为支撑，促使双方当事人就环境民事公益

---

[1] 曲异霞：《环境民事公益诉讼调解：内容、限度与程序》，载《司法改革论评》2016 第 2 期。

诉讼案件争议问题进行协商，具有程序上的要求。①

环境民事公益诉讼调解程序分为以下几步：第一步，调解内容协商程序。法院立案后，被告即可以提出调解意愿，原、被告可以就环境修复方式和赔偿数额等内容进行协商。法院在进行证据交换或庭前谈话时，如被告对侵权事实认可，法院可以主动推动原、被告进行调解，协商相关调解事宜。法院开庭审理后应当征求原、被告意见，主持调解。第二步，调解内容完善程序。如果原、被告达成和解协议，应申请法院审查同意或根据法院意见进一步完善调解内容。第三步，调解协议内容公告程序。依据《环境民事公益诉讼解释》等相关规定，在环境民事公益诉讼的调解中，若双方当事人就争论问题形成一致意见，人民法院应要依照有关程序对双方协商内容进行公开，同时规定公告时间不低于三十天。第四步，调解协议最终确定程序。根据最高人民法院、民政部、环境保护部联合发布的《关于贯彻实施环境民事公益诉讼制度的通知》，在环境民事公益诉讼的调解中，人民法院必须履行监督管理的职责，若当事人双方最终形成一致的和解意见或达成和解协议，应将协议内容及时送达有关环境保护部门。相关部门针对双方在环境修复的费用、方式以及相关的赔偿问题等方面内容做进一步检查评估，若存在不合理或有争议的问题，应及时向人民法院提出。调解协议内容公告后，如果没有收到公众的意见或法院审查认为调解协议的内容不对社会公共利益的保护构成威胁，法院应提供相应的环境公益诉讼调解书并及时告知社会公众，需要注意的是，调解书应当具备原告的诉讼请求、案件整体事实

---

① 彭微雨：《环境民事公益诉讼的调解制度研究》，华东政法大学2019年硕士学位论文。

和和解协议条款等相关要件。① 调解书生效后与判决书具有同等效力,被告应遵守履行。若双方协议内容给社会公共利益带来不利影响,人民法院必须拒绝提供调解书,并依照正常的司法审判程序对案件进行审理和裁定。需要注意的是,一般情况下,在环境民事公益诉讼案件的调解中,强调过程的保护性和结果的公开性,也就是说,其调解过程遵循隐私原则,除非当事人提供公开调解过程的请求,一般不向社会进行公开。并且对于环境公益诉讼的主持人和参与者要加强隐私保护,以及关注调解过程中涉及的国家秘密、商业机密、个人隐私和其他不宜公开的信息,应当保守秘密。若调解的过程和内容与国家利益、公共利益息息相关,必须依法保证过程和结果的全透明。

(二) 环境行政公益诉讼的调解

《行政诉讼法》规定行政诉讼原则上不适用调解制度,但"对于行政赔偿、补偿以及自由裁量行为,法院认为法律关系明确、事实清楚,在征得当事人双方同意后,可以调解"。对于环境行政公益诉讼,我国相关法律法规及解释并未明确其适用调解制度。当前学界的主流观点是认为环境行政公益诉讼不适用调解,持该观点的学者认为调解制度的核心是当事人双方形成一致的协商意见,调解成立基本前提是当事人对自己权利行使的自主性,鉴于环境行政公益诉讼涉及社会公共利益,而非个人私利,如果允许当事人对涉社会公共利益的环境行政公益诉讼进行调解,很可能导致社会公共利益的损害。

---

① 王雪纯:《环境公益诉讼和解机制研究》,郑州大学 2018 年硕士学位论文。

二、环境公益诉讼的和解制度

（一）环境民事公益诉讼的和解

根据我国现行法律规定，环境民事公益诉讼双方当事人可以遵循司法程序实现和解，但环境民事公益诉讼中的和解制度也并非一开始就存在。2014年最高人民法院发布《关于全面加强环境资源审判工作为推进生态文明建设提供有力司法保障的意见》，该意见对双方当事人的和解问题作出初步规定：规定人民法院的审理资格和在双方和解中的责任，要求审理环境民事公益诉讼的人民法院要关注和解内容和程序的公共性，严格审查环境公益诉讼中原、被告在进行和解过程以及最终的和解协议是否涉及国家利益、社会公共利益或者他人合法权益，以及是否对其存在现实或潜在威胁。基于此，我们可以看出，在当时的环境公益诉讼中，原被告的顺利和解是衡量环境公益诉讼案件是否可以撤诉的基本条件之一，这也进一步肯定了环境公益诉讼中和解程序的重要性。之后，最高人民法院、民政部与环境保护部联合发布《关于贯彻实施环境民事公益诉讼制度的通知》，丰富了和解的有关内容，从当事人、人民法院、环境保护部门三方着手，对环境公益诉讼的和解问题作出进一步的程序规定：一是明确双方当事人和解协议内容的合理合法性，要求所形成的和解协议必须符合国家利益和公共利益以及个人利益的要求；二是对人民法院职责的规范，要求人民法院要在双方当事人协议达成后告知相应的环境监管部门；三是界定对环境保护有关部门职责权限，强调其对环境民事公益诉讼当事人达成的协议内容享有提出意见和建议的权利，并规定其应及时向人民法院提出。2015年，随着我国对环境民事公益诉讼相关法律体系的逐步完善，对于环境民事公益诉讼中和解程序的规定也在逐步细化，更加强调环境民事公益诉讼中当事人双方和解协议的公开性，要求人民法院在最终和解协议达成后，及时将有关结果进行公告；同时严格审查协议内容，在确保最终协议不存在损害社会公共利益的风险时，法院才能提供相应的调解书并进行公开；除此之外，还规定若原告以双方达成和解协议为由申请撤诉的，法院不予准许。

总体而言，环境民事公益诉讼的和解并没有严格的程序要求，最终形成的和解协议在司法实践中也缺乏相应的执行强制力。在普通诉讼中，若双方当事人提出和解，并顺利达成和解协议的，一般通过两种方式进行结案，一是由原告向法院提出撤诉请求；二是通过申请法院制作调解书的方式予以结案。但在环境民事公益诉讼过程中，达成和解协议后，只有一种结案方式，即由法院出具调解书结案。原因在于环境民事公益诉讼涉及的是公共利益，为防止原被告双方为谋取个人私利而损害公共利益，必须要保证双方当事人所形成的和解协议，由人民法院以公告的方式来保证社会公众的知情权等合法权益，使每一个环境公共利益的相关者都能参与案件，对双方当事人的协议进行严格监督。只有在对协议的合理合法性进行严格审查且公告期满后，人民法院方可出具调解书。在此过程中，法院一旦发现协议不符合社会公共利益要求，则不予出具调解书，并依照有关程序进行司法裁判。

虽然我国现行法律规定为环境民事公益诉讼的和解提供了依据，但学界对这一问题仍存在不少争议。① 一些学者认为，

---

① 王雪纯：《环境公益诉讼和解机制研究》，郑州大学 2018 年硕士学位论文。

第六章　环境公益诉讼的程序规则

环境公益诉讼的最终目的在于维护最大多数利益相关者共同的环境利益，在环境民事公益诉讼中，原告作为最大多数环境公共利益相关者的代表，有权行使法律赋予的诉权，但该项权利是片面的。也就是说，原告能够代表公众启动环境民事公益诉讼的诉讼程序，但对于公众如何维护环境公共利益，原告不具备处置的代表性，无法代替社会公众意愿对环境民事公益诉讼的问题做出任何实体权利的处分。

将这一问题置于环境民事公益诉讼和解的具体情境中就体现为以下几点：一是现行法律对何时进行和解未做出严格限制，无论是对当事人在诉讼前自行达成和解协议的诉前和解，还是诉讼过程中双方谈判协商后达成的诉讼中的和解，法律法规都没有给出严格的启动时间限制。由于缺乏统一的法律适用标准，在具体的司法实践中各地法律援助对于这一问题的判断存在较大差异，产生了诉讼过程中达成和解的环境民事公益诉讼案例和诉前经法院协调而达成和解的环境民事公益诉讼案例同时存在的情况。二是缺乏对和解范围的规定。我国法律及相关司法解释均未在环境民事公益诉讼的和解方面给出具体的范围，但这或许并不意味着环境民事公益诉讼都适用和解。三是和解主体规定不明确。《环境民事公益诉讼解释》不仅明确了诉讼的双方当事人是参与环境民事公益诉讼的和解主体，同时还赋予人民法院同等的参与资格。而在《关于贯彻实施环境民事公益诉讼制度的通知》第五条规定中，又将环境公益诉讼和解中的参与主体范围扩展到负有监督管理职责的环境保护主管部门。在具体的司法实践中，这一参与主体的范围边界更加模糊，部分地方的环保法庭在和解程序中肯定了相关行政机关参与和解的权利，邀请相关行政机关参与诉讼和解工作，将诉讼和解混合到行政调解范围之内，进一步将环境民事公益诉讼和解主体的范围扩展至全社会。但在这种全社会参与和解的格局中，却无法找到相应的法律条文对检察机关、行政机关以及社会组织的参与资格予以支持。四是和解协议公示制度不够完善。现有的司法程序虽然一再强调要对协议内容进行公告，但对于社会公众对协议内容存在异议时如何反映、反映渠道的选择以及法院如何作出回应等细节问题缺乏明确规定。①

(二) 环境行政公益诉讼的和解

最高人民检察院发布的《公益诉讼试点方案》初步建立了环境行政公益诉讼的基本框架，对行政公益诉讼试点的案件范围、诉讼参加人、诉讼请求等基本问题作出了概括性的规定，但未明确和解在环境行政公益诉讼中的适用性问题。在其第（三）项中规定"提起公益诉讼的，试点方案没有规定的，适用民事诉讼法、行政诉讼法及相关司法解释的规定"。这表明，环境行政公益诉讼中并没有完全排除和解存在的可能性。② 但最高人民检察院随后发布的《公益诉讼试点工作办法》明确规定环境行政公益诉讼不适用和解，否定了检察机关在行政公益诉讼中和解的可能性。2016 年，最高人民法院发布《关于印发〈人民法院审理人民检察院提起公益诉讼案件试点工作实施办法〉的通知》，将人民法院排除在行政公益诉讼案件和解参与主体范围之外。我国 2017 年修订的《行政诉讼法》确立了环境行政公益诉讼制度，但并没有对环境行政公益诉讼是否适用和解做出说明。③ 由此，结合当前我国相

---

① 颜运秋、余彦：《我国环境民事公益诉讼制度的亮点、不足及完善——以 2014 年 12 月最高人民法院通过的"两解释"为分析重点》，载《湘潭大学学报》（哲学社会科学版）2015 年第 5 期。

② 张式军、赵妮：《环境行政公益诉讼中的和解制度探究》，载《中州学刊》2019 年第 8 期。

③ 邓可祝：《环境行政公益诉讼和解制度研究》，载《法治研究》2016 年第 4 期。

关司法解释可以看出，环境行政公益诉讼不适用和解。与此同时，理论界也有学者持不同意见，认为环境行政公益诉讼中能够和解，通过解释《行政诉讼法》第六十条的规定论证了环境行政公益诉讼可以进行和解的合法性，否定了原告因无法处分公共利益而不适用环境行政公益诉讼和解程序的观点，并在司法实践中找到环境行政公益诉讼和解的案例来对这一观点进行佐证。[①]

三、环境公益诉讼的撤诉制度

（一）环境民事公益诉讼的撤诉

撤诉是民事诉讼当事人处分自决的选择，是原告于法院受理案件后、正式判决前，向法院请求撤回其起诉的行为。2015年最高人民法院出台的《环境民事公益诉讼解释》，明确规定环境公益诉讼中申请撤诉和不予撤诉的情形。若原告提出撤诉的申请，其最重要的前提是有关环保监管部门必须依法履行职责，只有这样，法院才能准许原告的撤诉申请；若原告是在法院审判结束后才提出撤诉申请的，法院对这一申请将不予准许，但上述情形除外。同时，该解释规定当事人也不得以达成和解协议为由申请撤诉。由此可知，环境民事公益诉讼申请撤诉并不完全基于当事人自愿，其主体为原告，时间一般是案件受理后、判决宣告前，而是否准许由法院裁定。

环境民事公益诉讼与普通民事诉讼相比，最大的不同之处在于其目的具有明显的公共性特征，主要是维护最大多数公众的环境利益，而不是基于个人利益出发采取行动的一种特殊诉

---

① 傅贤国：《环境民事公益诉讼制度研究——以贵州省贵阳市"生态保护两庭"司法实践为中心的分析》，法律出版社2016年版，第19页。

讼行为。这种公益导向诉讼活动的裁判结果往往关系到除当事人以外的大多数社会公众，间接影响社会公众在环境方面的有关利益，因此更加注重对被告的问责和惩罚，以此来达到恢复生态、减轻生态环境所遭到的破坏的目的，并通过不利的法律后果起到威慑作用，预防潜在的生态破坏与环境污染风险，最终实现维护公共利益的目的。① 在环境公益诉讼中，原告诉讼权利是一种有限权利，其原因在于原告行使的权利是代表社会公众集体意愿，而不是当事人的个人意志，若对原告的诉讼权利不加以约束，允许其随意撤诉，容易诱发原告滥用诉讼地位为己谋私利，或者在被告的诱导下做出不利于生态环境的行为等问题，从而给公共利益造成极大威胁。因此，在环境公益诉讼中，必须对原告的诉讼权利加以严格规定，缩小其起诉和撤诉的随意性空间。此外，在环境民事公益诉讼中，原告的处分权也是一种有限的权利，建议通过对原告在环境公益诉讼中的处分权进行适当限制，更好地防范原告为谋取私利所引发的道德风险问题。

总而言之，无论是对环境民事公益诉讼中原告的撤诉权的限制还是对处分权的有限授予，其主要目的都是为了保证原告在申请撤诉中的合法性和正当性，如此一来，不仅能够约束原告的自利动机，保证原告规范有效地使用诉讼权利，同时也能极大提高司法工作的效率，以实现维护环境公共利益的最终目的，使案件处理实现系争利益与系争外利益保护的双赢。

《环境民事公益诉讼解释》第二十六条明确规定，环境民事公益诉讼中原告的处分权是一种有限行使的权利，换言之，

---

① 李潇潇：《民事公益诉讼的撤诉》，载《新疆大学学报》（哲学·人文社会科学版）2018年第3期。

法院有权对原告的这一诉讼权利的合法性和合理性进行审查，也即对环境公益诉讼原告的撤诉权作出了限制，但是该司法解释对于法院审查的适用标准和程序安排并没有具体的规定。有学者提出，法院在对"诉讼请求全部实现"进行司法审查时，必须涵盖以下几点基本内容：第一，诉讼请求的逻辑应然性与实际的实然性必须做到有机统一。这是司法审查合理性的最基本前提。也就是说，原告的诉讼请求必须体现出要求明确具体、内容充分全面的特点，并且能够真正起到降低环境保护威胁和潜在风险的作用，达到对环境公共利益全面维护的目的。第二，法院应对诉讼请求全部实现进行释明。《环境民事公益诉讼解释》第九条规定，只有在原告的诉讼请求存在关键细节遗漏等问题时，才满足法官行使释明权的条件。具体来说包括请求停止侵害、恢复原状等涉及生态恢复和防范潜在风险等与生态保护密切相关的关键要点。若仅仅遗漏一些非关键性信息，例如赔礼道歉的诉讼请求时，法院无须启发当事人予以澄清和说明。可以看出我国现行法律认为法院对原告提出的诉讼请求行使释明权时，必须满足一定的要求才能生效，这样才能使诉讼请求发挥对环境公共利益的保护作用。第三，对于原告在环境民事公益诉讼中提出的一些实然性的诉讼请求，必须全部实现，这是人民法院在进行审查时的重要标准之一。法院在审查过程中，不仅要依法查明环境污染侵权的相关事实，明确相关利益主体的责任，更重要的是应对于环境恢复的最终目标及其实现的可能性，以及再次带来环境危害的概率进行实质审查。经人民法院审查，原告诉讼请求全部实现的，应当准予撤诉。[①]

---

① 周科、郭继光、刘英：《环境民事公益诉讼中"诉讼请求全部实现"的司法审查》，载《法律适用》2019 年第 1 期。

在环境民事公益诉讼中，原告申请撤诉会产生如下后果：一是诉讼程序终结，法院不再对案件进行审理和判决；二是诉讼时效自法院裁定准许撤诉之日起重新开始计算；三是由于原告撤诉的案件未经实体处理，原告可以再次起诉。①

（二）环境行政公益诉讼的撤诉

关于当事人申请撤诉的条件，最高人民法院发布的《关于行政诉讼撤诉若干问题的规定》给出了详细的说明。该规定主要强调以下几点：一是若被告具体的行政行为发生变更时，原告要对此有清晰的阐述；二是原告针对被告具体行政行为变更做出的阐释，必须要满足两个条件：其一是合法性，即符合相关法律法规；其二是正当性，即对他人的合法权益以及社会公共利益未造成任何不利影响。当原告同时满足以上两种情形时，可以依法向人民法院提出撤回起诉的申请。《公益诉讼试点工作办法》第四十九条对行政公益诉讼适用撤诉进行了规定，且该规定中的撤诉标准比《行政诉讼法》第六十二条的规定更加严格。传统行政诉讼中，只要原告同意，无论被告是否纠正或全部纠正被诉的违法行政行为，原告都可以撤诉。而在行政公益诉讼中，只有在检察机关的全部诉求得以实现之后，原告才可以撤诉。为了避免行政机关利用自己的优势胁迫原告违背真实意愿撤诉而损害社会公共利益，人民法院同样需要对人民检察院提起的撤诉理由，即要求被告纠正违法行为或依法履行职责的诉讼请求是否全部实现，进行审查。当对环境行政公益诉讼案件进行审理时，只有被告将人民检察院提出的诉讼请求全部实现，并及时纠正违法行为，承担相应环境

---

① 匡旭东：《环境民事公益诉讼"撤诉"的法院审查》，载《中国环境管理干部学院学报》2019 年第 12 期。

保护和修复责任时,法院方可准许人民检察院撤回起诉。但对于司法实践中如何衡量被诉行政机关是否依法履行职责,现行法律与司法解释还未给出一个确切的答案,这也成为环境行政公益诉讼中有关撤诉问题的关键。①

第六节　环境公益诉讼的执行程序

环境公益诉讼的执行是指在法院出具环境公益诉讼案件的有关法律文书后,为保证已生效内容的有效执行,由执行机构(执行局)在遵守法定程序的基础上,依法通过强制性手段,监督义务人真正有效履行生效法律文书内容、落实相关义务的一系列过程。执行程序是实现生效法律文书确定的权利义务关系的程序,并不解决纠纷,其执行必须严格遵循法院作出的生效法律文书的具体内容,包括民事、行政判决、裁定、调解书与支付令等。生效的民事、行政判决书、裁定,由第一审法院或与第一审法院同级的被执行财产所在地法院执行。这一过程主要依靠国家强制力,因此具有明显的强制性特征。其主要目的是实现公共利益,执行对象既包括民事主体,也包括行政主体,并且能够进行事前预防。我国对环境民事公益诉讼执行的法律规定仅仅在《环境民事公益诉讼解释》中提及移送执行程序,在最高人民法院《关于审理环境公益诉讼案件的工作规范(试行)》中提到了环境修复,而对其他程序、方式及监

---

① 梁丽:《我国建立环境行政公益诉讼制度研究》,湖南师范大学2005年硕士学位论文。

督并没有具体的法律规定。① 总体来说，环境公益诉讼执行可以分为移送执行和申请执行两种方式。所谓申请执行，就是当法律文书生效后，由当事人向有管辖权的人民法院依法提出申请，特殊情况除外。申请执行要求由生效法律文书确定的权利人或其继承人、权利承受人在两年内提出申请才有效。

此外，环境公益诉讼裁决的执行方式还包括法院主动执行、先予执行和代履行。关于法院主动执行，当环境公益诉讼已经发生法律效力的判决的执行直接影响到环境利益能否得到有效保护的问题时，原则上由人民法院行使自身职权移送执行，无需原告再次进行申请。也就是说，由审判工作者向执行工作者直接进行执行工作委托。这种主要适用于环境公益诉讼裁决的执行中，被告方败诉却不履行人民法院的判决的情形。关于先予执行，是当被告的行为对环境造成极为严重的威胁或者带来环境破坏的不可逆后果时，必须严厉制止环境损害行为，可以采取先予执行。这类环境破坏行为主要是指有毒污染、大规模污染、超常规污染等，即原则上要求符合存在有毒的、大规模的、超常规的污染等情况，不先予执行将会造成难以估量的损失。关于代履行，是针对一些具有替代性的行为提出的。在环境公益诉讼中，代履行人必须严格按照法律规范来筛选，且被执行人必须具备相应义务履行的财力和物力，而代履行的费用应当由法院视案件具体情况决定。②

---

① 杨晓婉、刘永鑫、徐静柳：《环境民事公益诉讼的执行问题探究——以全国首例环境公益诉讼案的执行为视角》，载《林业经济》2016年第6期。
② 岳红红：《环境民事公益诉讼执行问题研究》，河北经贸大学2018年硕士学位论文。

第七章 ▶ 环境公益诉讼的保障机制

第一节　环境公益诉讼的责任承担

一、预防性责任

根据《环境民事公益诉讼解释》第一条的规定，法律规定的机关和有关组织不仅可以对已经损害社会公共利益的污染环境、破坏生态的行为提起诉讼，还可以针对具有损害社会公共利益重大风险的污染环境、破坏生态的行为提起诉讼。《解释》第十八条规定，对污染环境、破坏生态，已经损害社会公共利益或者具有损害社会公共利益重大风险的行为，原告可以请求被告承担停止侵害、排除妨碍、消除危险、修复生态环境、赔偿损失、赔礼道歉等民事责任。其中，"停止侵害、排除妨碍、消除危险"等民事责任即是预防性责任的责任方式。《解释》第十九条进一步规定，原告为停止侵害、排除妨碍、消除危险所采取合理预防、处置措施而发生的费用，可以请求被告承担。

（一）预防性责任的具体构成

一是停止侵害。从法律层面来说，停止侵害的意思是针对侵权人正在进行和有可能持续进行的侵害行为，由受害一方请求法院强令侵权人立即停止其侵害行为。① 对于环境公益诉讼而言，停止侵害意味着任何有可能破坏环境公共利益的行为都应当被阻止，以减少对环境造成进一步的影响。"预防优先"的思路符合环境法的价值原则，但在司法实践中也面临诸多困境。首先，在侵害行为的确定上，工业生产等经济行为不可避免地会对周边环境产生影响，即使是合法的排污行为也可能存在潜在的环境风险，"侵害"的判断标准难以统一；其次，环境侵害造成的损失也难以估计，在时间跨度和空间影响上存在一定隐蔽性；此外，停止环境侵害需要企业停工停产，甚至整改、关闭，对于当地经济会产生一定影响，因此会面临重重阻力。"停止侵害"这一责任承担方式要落地，还要依赖侵害认定标准、环境司法审理的不断完善。

二是排除妨碍。排除妨碍是指当侵权人对他人权利造成损害，致使被侵权人不能行使或者无法正常行使其人身和财产权利，受害一方可以向法院请求，责令行为人排除影响受害一方实施自身权利的障碍。② 在环境公益诉讼中，排除妨碍并不以环境破坏的发生为标准，也就是说即使被告的行为并未对环境造成实际影响，仍然应当停止行为，将可能的损害扼杀在源头。

三是消除危险。这一概念与"消除风险"存在差别。环境民事责任中的危险是指依靠科技手段、关键信息等推断出行为人的某种行为对社会公共生态权益带来不利影响的较高概率

---

① 王希予：《环境民事公益诉讼的责任研究》，吉林大学 2019 年硕士学位论文。
② 同①。

的风险。① 与一般风险相比,环境损害危险发生的概率更大,并且得出的结论具有科学依据。

(二) 预防性环境公益诉讼的困境与发展

现行环境民事公益诉讼制度是建立在侵权责任之上的,过于强调损害结果、不够重视源头预防且欠缺民事请求权基础,因而难以有效预防生态损害。② 一方面,对于预防性责任在环境公益诉讼中的适用性,学界仍然存有一定分歧:一类观点认为预防性责任在环境公益诉讼案件中的成立要件是缺失的;另一类观点则以客观目的为基础进行法律解释,认为法律设置相关条款的本意及立法技术在于宣示侵权行为危及他人人身、财产安全时的侵权责任方式。③ 另一方面,在实际司法过程中,或未能及时预判环境风险,只能采取事后救济的方式,或出现企业拒绝停止生产等情况,法院裁判的实际执行效果堪忧。

目前学术研究针对预防性责任的具体实现提出许多对策,主要包括扩宽环境民事公益诉讼中法院案件受理范围,有效利用环境规划制度、环境影响评价制度、"三同时"制度、排污许可制度、环境质量标准和污染物排放标准等,在较早阶段提起诉讼等措施。④

此外,不同于预防性环境民事公益诉讼,现行法律、法规以及司法解释均对预防性环境行政公益诉讼缺乏明确规定,但

---

① 王希予:《环境民事公益诉讼的责任研究》,吉林大学 2019 年硕士学位论文。
② 吴凯杰:《论预防性环境公益诉讼》,载《理论与改革》2017 年第 3 期。
③ 崔建远:《论归责原则与侵权责任方式的关系》,载《中国法学》2010 年第 2 期。
④ 同②。

司法实践中已有相关探索，比如"湖北省宜昌市长江码头船舶污染治理行政公益诉讼案"。① 该案中，长江宜昌段码头未建设船舶生活污水、垃圾、油污水处理设施，大量船舶锚泊待闸，仅利用临时作业设施交岸处理船舶污染物，环境污染风险大，且废水上岸后靠槽罐车运至污水处理厂，处理成本极高。对此，宜昌市葛洲坝人民检察院得到线索后成立专案组开展调查，发现长江宜昌段存在水陆衔接机制不畅、岸上配套设施滞后等问题，导致污染物上岸难，存在较大污染风险。在宜昌市两级检察机关的积极推动与直接参与下，宜昌市政府多次召开由海事、交通、生态环境、住建、城管等行政机关参加的全市船舶污染防治工作磋商会议，厘清行政机关执法边界，加快基础设施建设，探索建立长江船舶污染防治长效联动协作机制。通过多方协作和综合治理，宜昌长江段船舶污染风险大大降低，水质稳步提升。湖北省检察机关结合本案中发现的具有普遍性的长江船舶污染防治深层次问题，起草了《长江流域船舶污染防治中存在的问题及建议》，报送最高人民检察院和湖北省委省政府，为高位推动类案解决提供决策参考。该案的办理即凸显了公益保护的风险预防理念，检察机关通过行政公益诉讼案件办理，有效降低了船舶对长江的污染风险。

总的来说，当前我国环境公益诉讼仍以事后救济为主。为有效制止生态环境破坏行为，避免经济损失，应当进一步修改完善相关法律法规，进一步积极探索办理预防性环境公益诉讼案件，逐步将预防性公益诉讼制度和实践拓宽至整个生态环境保护领域。

---

① 《检察机关服务保障长江经济带发展典型案例（第三批）》，载最高人民检察院官网 2020 年 12 月 11 日，https://www.spp.gov.cn/spp/xwfbh/wsfbt/202012/t20201211_488711.shtml#2。

二、恢复性责任

(一) 恢复性责任的具体含义

恢复性责任是事后救济的一种,一般而言包括恢复原状和返还财产。在环境公益诉讼中恢复性责任主要是恢复原状。大多数观点认为,环境公益诉讼语境下的恢复原状即是在生态环境遭受破坏后,通过补救性或修复性措施,使得环境还原到原来的水平。也有学者将恢复方式分为人为恢复和自然恢复,并对"修复"与"恢复"概念进行区分,认为前者强调人在环境中的主导地位,对损害采取人为改造的方式;而"恢复"生态环境在凸显人力作用的同时,也关注自然规律的功能作用,根据损害的不同情况灵活合理安排人力和自然力。[1]

(二) 恢复性责任与生态环境损害赔偿诉讼

恢复性责任在环境公益诉讼中发挥作用的典型体现,是生态环境损害赔偿作为最主要的责任承担方式。值得注意的是,以恢复生态为主要目的的赔偿与一般意义的金钱赔偿存在差异,其赔偿形式不一定为实物,最终目的在于生态系统的再平衡。有学者并不认可将"恢复性责任"等同于"恢复原状",而应表述为"修复生态环境"。其中的区别在于:一是"修复生态环境"所要求的恢复标准应考虑"环境破坏的特点、现有的科学技术、人体的健康等因素"。[2] 二是以直接修复为主,而非采取替代性修复的做法,以异地补植林木等方式进行环境

---

[1] 张梓太、李晨光:《生态环境损害赔偿中的恢复责任分析——从技术到法律》,载《南京大学学报》(哲学·人文科学·社会科学) 2018年第4期。

[2] 王灿发:《环境法学教程》,中国政法大学出版社2011年版,第135页。

容量或生态功能的修复、在侵害人无法修复或明确表示不履行修复时对生态环境修复费用的支付。① 三是损害赔偿的范围不同,如更加关注磋商前置程序对提起赔偿诉讼的作用。② 这一建议已为《民法典》所采纳。

近年来,为了有效解决生态环境损害领域中存在的"企业污染、群众受害、政府买单"等问题,贯彻落实《环境保护法》第五条确立的"损害担责"这一基本原则,加快形成"生态损害者赔偿、受益者付费、保护者得到合理补偿"的运行机制,在中央和各地的努力推动下,在全国范围内初步构建了生态环境损害赔偿制度,即在环境污染和生态破坏行为导致人身、财产损害的赔偿法律制度体系之外,针对生态环境自身遭受的损害,新确立了一类由省、市两级地方政府及其指定的部门或者机构作为原告的诉讼类型——生态环境损害赔偿诉讼,为全面追究损害生态环境责任者的赔偿责任提供了法律依据,进而对生态环境提供最严密的法治保护。有学者认为,生态环境损害赔偿诉讼从性质上看属于环境民事公益诉讼。③ 笔者认为,理论上的确如此,因为二者所保护的利益是一致的,即自然要素的生态价值而非经济价值。但是由于生态环境损害赔偿诉讼总体来看仍处于探索阶段,日后立法是否将其纳入环境民事公益诉讼的范畴,仍有待进一步凝聚共识。

在发生严重影响生态环境后果的环境污染、生态破坏事件

---

① 吕忠梅、窦海阳:《修复生态环境责任的实证解析》,载《法学研究》2017年第3期。

② 林莉红、邓嘉咏:《论生态环境损害赔偿诉讼与环境民事公益诉讼之关系定位》,载《南京工业大学学报》(社会科学版)2020年第1期。

③ 李艳芳:《生态环境损害赔偿诉讼的目的、比较优势与立法需求》,载《法律适用》2020年第4期。

后，地方政府基于法定职责，需要及时、主动采取应急措施，处置突发环境事件，修复被污染、破坏的生态环境。在生态环境损害赔偿诉讼制度确立前，由于地方政府没有追偿生态环境损害修复费用的法定义务，也缺乏法定的追偿途径，相关费用往往由地方政府通过财政支出"买单"，显然违背"损害担责"原则。因此，确立生态环境损害赔偿诉讼制度具有必要性。

是否有必要在已经有环境民事公益诉讼的情况下，设定一个以政府为主导的生态环境损害赔偿制度？有学者认为，环境民事公益诉讼的起诉主体是符合条件的社会组织和检察机关，其中，前者受限于人员数量、技术积累以及资金支撑等因素，难以成为推动受损环境得以有效修复的主力军，而后者处于法律监督者的地位，且其在环保专业技术以及监管情况了解程度上存在一定短板，应该以推动其他相关主体推进工作为主。[1]该学者进一步指出，地方政府对本地区生态环境质量负责，有关部门对生态环境保护存在监管职能，对于环境污染和生态破坏的情况更为了解，也具有相关的技术能力和专业力量，能够支撑生态环境损害的调查和取证。[2]地方政府诉权的基础不是依据自然资源全民所有权，而是依据"对本行政区域环境质量负责"的法定职能。

2015年，中共中央办公厅、国务院办公厅印发《生态环境损害赔偿制度改革试点方案》，部署在部分地方试点改革生态环境损害赔偿制度。2016年4月，国务院授权吉林、山东、

---

[1] 季林云、孙倩、齐雯：《刍议生态环境损害赔偿制度的建立——生态环境损害赔偿制度改革5年回顾与展望》，载《环境保护》2020年第24期。

[2] 同[1]。

江苏、湖南、云南、贵州、重庆等七省市人民政府在各自行政区域内作为生态环境损害赔偿权利人开展改革试点。在两年改革试点的基础上，2017年12月，中共中央办公厅、国务院办公厅印发《生态环境损害赔偿制度改革方案》，规定自2018年1月1日起，在全国试行生态环境损害赔偿制度。2020年3月，财政部等九部门联合印发《生态环境损害赔偿资金管理办法（试行）》，规范赔偿资金管理和使用。2020年9月，生态环境部等十一部门联合印发《关于推进生态环境损害赔偿制度改革若干具体问题的意见》，在总结地方实践经验基础上，推动生态环境损害赔偿制度改革工作深入开展。

在实体法层面，《民法典》第一千二百三十四条规定，违反国家规定造成生态环境损害，生态环境能够修复的，国家规定的机关或者法律规定的组织有权请求侵权人在合理期限内承担修复责任。一般认为，该条同时是环境民事公益诉讼和生态环境损害赔偿诉讼的实体法基础。除《民法典》外，《土壤污染防治法》《固体废物污染环境防治法》和《森林法》等法律法规在制定或修订中也规定了生态环境损害赔偿的内容。2019年6月，最高人民法院发布《关于审理生态环境损害赔偿案件的若干规定（试行）》，明确生态环境损害赔偿案件审理中的若干问题。不同于政策性文件，这些法律、司法解释为生态环境损害赔偿诉讼提供了制定法依据。

关于环境公益诉讼与生态环境损害赔偿制度的衔接，笔者认为，启动生态环境损害赔偿程序是政府及其有关部门的法定职责，当出现规定的启动生态环境损害赔偿程序的情形时，政府及其有关部门就应当启动，如果其怠于启动，检察机关可以通过启动环境行政公益诉讼对其进行监督。而当出现了污染环境、破坏生态的情形，但又不属于生态环境损害赔偿程序的启动情形时，检察机关可以提起环境民事公益诉讼。

三、赔偿性责任

赔偿性责任是指以金钱或替代物来弥补受害人损失的方式，在司法实践中较为常见。这主要是因为，一方面，现实中优先适用恢复原状的情况较少，尤其是生态环境的破坏常常是不可逆转的，或者进行恢复的成本过高；另一方面，履行恢复性责任所付出的费用一般根据市场价格确定其经济价值，但其中情感价值恢复的部分难以实现。

（一）赔偿性责任在环境民事公益诉讼中的适用性和优化建议

赔偿性责任在环境侵害救济中应用广泛，且比行政罚款在后期执行上更为有力。[1]《民法典》第一千二百三十五条规定了国家规定的机关或者法律规定的组织请求侵权人赔偿损失和费用的范围，具体包括生态环境受到损害至修复完成期间服务功能丧失导致的损失，生态环境功能永久性损害造成的损失，生态环境损害调查、鉴定评估等费用，清除污染、修复生态环境费用，防止损害的发生和扩大所支出的合理费用。赔偿性责任在环境民事公益诉讼中的适用有几个方面需要注意：一是在环境民事公益诉讼中，原告不是被侵权人，环境侵权人支付的赔偿费用应当归属于公众，最好授权国家生态环境主管部门和财政部门，或者委托环保社会组织进行管理；二是侵权人履行

---

[1] 吕忠梅等：《侵害与救济——环境友好型社会中的法治基础》，法律出版社2012年版。

赔偿责任并不是最终目标,而应当最终作用于改善生态环境;三是赔偿责任具有一定的社会警示和教育预防作用,目前我国仍然欠缺明确细化赔偿责任范围的规范性文件,这使得司法实践容易产生较大差异,今后应当有针对性地通过立法或释法对此作出具体规定。

关于赔偿性责任适用的优化建议:一是将环境民事公益诉讼判定的金钱赔偿,交由专门的机构进行保管,或是颁布专项资金管理办法,保管机构负有该笔赔偿费用的管理权责,并确保将其用于生态环境恢复或当地生态优化项目中。二是立法划定赔偿损失的范围。尽管我国法律和司法解释对环境侵权责任纠纷案件和环境民事公益诉讼案件中原告可以主张的赔偿和费用范围进行了一般规定,但这些规定在司法实践中如何适用应当进一步予以明确。可借鉴美国法律将损害赔偿类型进行细化,包括评估费用、预防费用、恢复费用、防止损害结果继续扩大的技术费用,以及对非使用价值的赔偿和过渡期间的损失,等等。[①] 三是强化赔偿性责任的威慑和预防作用,增加污染环境、破坏生态等违法行为的成本。实践中较为可行的做法是采用惩罚性赔偿制度。惩罚性赔偿是由法院判令侵权人承担超出实际损害数额的赔偿,主要目的在于对存在主观故意、恶性较大的加害行为实施制裁。惩罚性赔偿制度在英美法系之中主要有三种运作模式:无限制金额、固定金额与弹性金额模式。[②] 其中,弹性金额模式的可操作性较大。在美国,一般可以依据被告应受非难的程度、被告因其行为获得的财产以及被

[①] 吕忠梅等:《侵害与救济——环境友好型社会中的法治基础》,法律出版社2012年版。

[②] 高晶:《论环境民事公益诉讼之民事责任承担方式》,河北大学2017年硕士学位论文。

告的财产状况等因素确定赔偿金额的范围。① 有学者认为我国是成文法国家，法院需恪守法条规定，因此建议将惩罚性赔偿的金额范围直接规定为实际损害金额的若干倍数，或者规定计算该倍数时应纳入考虑的各项因素及其权重比例。② 笔者认为，在消费者权益保护领域，实际损害金额是比较容易确定的，并且数额一般不会特别巨大，但在环境侵权领域，实际损害金额相对不容易确定，并且数额可能特别巨大，远远超出侵权人的承受范围。换言之，"一刀切"的惩罚性赔偿数额确定模式在环境侵权领域未必适用，法律可以作出原则性规定，具体实践中还需结合侵权人自身经济承担能力来判断。

（二）关于环境民事公益诉讼中能否主张惩罚性赔偿

在《民法典》出台以前，我国的惩罚性赔偿制度主要适用于食品安全、产品责任等涉及消费者权益保护的领域，向污染环境、破坏生态的侵权人主张惩罚性赔偿并没有制定法依据。一般认为，《民法典》第一千二百三十四条和第一千二百三十五条这两条规定是为与《民事诉讼法》以及相关司法解释的规定相衔接，以实体法的形式确定环境民事公益诉讼。比较有争议的是，《民法典》第一千二百二十九条至第一千二百三十三条的规定是否可以适用于环境公益诉讼？特别是，《民法典》第一千二百三十二条规定，"侵权人违反法律规定故意污染环境、破坏生态造成严重后果的，被侵权人有权请求相应的惩罚性赔偿"，国家规定的机关和法律规定的组织是否有权

---

① 金杜律师事务所环境法团队：《〈民法典〉中生态环境损害惩罚性赔偿制度、修复和赔偿规则实践中如何应用？》，载金杜研究院网 2020 年 6 月 4 日，https://www.kwm.com/zh/cn/knowledge/insights/punitive-compensation-system-for-ecological-environment-damage-20200604。

② 同①。

请求惩罚性赔偿？这一问题相当复杂，涉及公益与私益、公权与私权的界分。有学者严格依据《民法典》相关条文进行文义解释和体系解释，认为环境民事公益诉讼中不能主张惩罚性赔偿，同时，环境修复责任与惩罚性赔偿不能并用。[①]

笔者亦认为，从现行有效的法律和司法解释出发，法院在环境民事公益诉讼案件中支持惩罚性赔偿的主张于法无据。其一，《民法典》第一千二百三十二条将惩罚性赔偿的请求权人明确限定为"被侵权人"，并不包括国家规定的机关和法律规定的组织。其二，根据《民法典》第一千二百三十五条的规定，国家规定的机关或者法律规定的组织有权请求侵权人赔偿生态环境受到损害至修复完成期间因服务功能丧失导致的损失、生态环境功能永久性损害造成的损失以及防止损害的发生和扩大所支出的合理费用，这些费用也超出了损害填平原则，具有一定的惩罚性，不宜与惩罚性赔偿同时适用，否则将导致被告责任过重。

但环境民事公益诉讼中能否适用惩罚性赔偿制度，仍有进一步讨论的空间。其一，从设立惩罚性赔偿制度的初衷来看，惩罚性赔偿本身具有惩戒和遏制不法行为的功能。此前，在食品安全、产品责任等领域适用惩罚性赔偿制度，是因为这些领域涉及不特定多数"被侵权人"即消费者的权益，对于维护社会公共利益作用十分显著。环境民事公益诉讼中虽然没有特定的被侵权人，但同样存在不特定多数被侵权人，侵权责任的损害填平原则对其作用不大。允许国家规定的机关和法律规定的组织代表不特定多数被侵权人主张惩罚性赔偿，有利于维护

---

① 王利明：《环境民事公益诉讼中不能主张惩罚性赔偿》，载《广东社会科学》2021年第1期。

不特定多数被侵权人的利益和社会公共利益,有效惩戒和制裁生态环境领域的不法加害行为。其二,从体系解释来看,《民法典》第一千二百二十九至一千二百三十三条的规定和第一千二百三十四、一千二百三十五条的规定,未必是严格划定环境私益诉讼与环境民事公益诉讼彼此"势力范围"的安排,后两条关于环境民事公益诉讼的规定可以被视为前三条关于环境私益诉讼规定的特别法,对于后两条规定的内容,按照特别法优先于一般法的原则,理应在环境民事公益诉讼中优先适用特别法,即后两条规定,而对于后两条没有规定的内容,可以在环境民事公益诉讼中适用一般法,关于惩罚性赔偿的规定便是如此。其三,从惩罚性赔偿金的用途来看,如果全部交由被侵权人,由其自由支配,那么实际上相当于被侵权人获得了填平其损害之外的一大笔经济收入,这对于修复生态环境毫无助益。出于生态环境保护和修复的目的,应当明确规定将一部分惩罚性赔偿金用于修复受到损害的生态环境。从这一点来看,如果环境民事公益诉讼可以适用惩罚性赔偿制度,所获得的赔偿金更便于修复生态环境。

需要注意的是,即便认为在环境民事公益诉讼中原告可以主张惩罚性赔偿,也应当严格按照《民法典》第一千二百三十二条所规定的构成要件认定被告应否承担惩罚性赔偿责任。一是侵权人实施的污染环境、破坏生态的行为必须是违反法律规定的行为。一般认为,在排污许可范围内实施排污行为或者排污符合国家或者地方污染物排放标准,造成他人损害的,侵权人也有可能承担侵权责任,只是依照特别法的规定存在不承担责任或者减轻责任的情形。但这类情况一般不应当承担惩罚性赔偿责任,因为惩罚性赔偿制度适用的法理基础在于侵权人实施加害行为时具有较大的主观恶性,在排污许可范围内或者按照国家、地方的污染物排放标准实施排污行为，即便造成他人损害，也应当推定侵权人没有较大程度的主观恶性，侵权人通过不正当方式取得排污许可等情形除外。此外，这里的"法律"应严格根据文义进行解释，即只包括全国人民代表大会及其常务委员会制定的法律，侵权人如果只违反了法规、规章及其他规范性文件等，则不应当承担惩罚性赔偿责任。二是侵权人实施的污染环境、破坏生态的行为需造成"严重"的损害后果。具体何种情形可以被认定为"严重后果"，有待法律法规进行进一步细化规定，或者由司法机关通过典型案例作出进一步明确指引。三是侵权人实施的污染环境、破坏生态的行为与损害后果之间需存在因果关系。有学者提出，在被告可能承担严厉的赔偿责任，且原告可能得到额外利益的情况下，原告应承担更高标准的证明标准才更为合理。① 持该种主张的理由在于，在低举证责任、高收益预期的激励之下，排污企业周边居民等民事主体可能群起求偿，使企业承受过重的负担。但是，该种主张并没有制定法依据，换言之，《民法典》及相关法律法规、司法解释并未针对惩罚性赔偿主张不适用"因果关系"举证责任倒置进行特别规定。况且，惩罚性赔偿的求偿主体遭受损害的程度往往比一般的环境侵权事件更为严重，如果对其施以更严苛的举证责任，既不利于被侵权人获得充分的救济，也不利于惩罚性赔偿制度发挥应有的威慑、预防作用。四是侵权人实施污染环境、破坏生态的行为需要有主观上的故意。《民法典》和相关的司法解释为环境侵权责任纠纷案件规定了无过错责任的归责原则，即因污染环境、破坏生态

---

① 金杜律师事务所环境法团队：《〈民法典〉中生态环境损害惩罚性赔偿制度、修复和赔偿规则实践中如何应用？》，载金杜研究院网 2020 年 6 月 4 日，https://www.kwm.com/zh/cn/knowledge/insights/

造成他人损害，不论侵权人有无过错，侵权人均应当承担侵权责任。但是《民法典》第一千二百三十二条为侵权人承担惩罚性赔偿责任规定了过错责任的归责原则，并且要求侵权人具有主观故意。也就是说，如果侵权人对损害结果的发生仅存在过失或者根本没有过错，那么也应当承担侵权责任，但是不应当承担惩罚性赔偿责任，这是由惩罚性赔偿制度的法理基础决定的。此外，由于法律和司法解释并未就侵权人存在主观故意这一要件的举证责任进行特别规定，按照举证责任分配的一般原理，应当由被侵权人就这一要件承担举证责任。

第二节 环境民事公益诉讼的诉讼激励

环境民事公益诉讼的激励机制是为保障生态环境权益的诉讼目的得以实现，而采取降低起诉主体的诉讼成本的方式，化解其诉讼障碍的一系列有效方法。[①] 近年来出台的相关法律、文件，使得环境民事公益诉讼的原告适格条件放宽，鼓励无直接利害关系且符合条件的国家机关或社会组织依法提起诉讼。但是环境民事公益诉讼的现实情况并不尽如人意，诉讼行为仍然面临利他性和利己性的矛盾：一方面，提起诉讼的目的在于维护环境公共利益，具有明显的利他性，符合条件的国家机关或社会组织都可以依法提起诉讼；另一方面，促成胜诉的目标和利己性背离，环境侵害的举证相当困难，诉讼期间耗费的直

---

① 颜运秋、罗婷：《生态环境保护公益诉讼的激励约束机制研究》，载《中南大学学报》（社会科学版）2013年第3期。

接成本、机会成本和法外成本较高，而胜诉所获取的生态侵害赔偿也并非由原告所有，大多数归属于环境公益基金等。换言之，与一般民事诉讼相比，环境民事公益诉讼当事人双方在表层结构上从对抗走向协作（存在公共利益），而在深层结构上原告的"受害人、代言人和受益人"三种身份发生割裂，并最终形成激励困境。[①] 环境民事公益诉讼具有零收益与高支出的特征，[②] 从经济因素审视激励机制是诉讼的重要保障。要打破激励困境，需从具体制度着手鼓励公众积极行使生态维护的权利。

一、环境民事公益诉讼基金与保险制度

环境民事公益诉讼基金的设立在于为原告提供资金支持，而无论胜诉与否。目前我国已有多个省份开展了相关探索，如海南省设置由省一级统拨统管的诉讼资金，云南省为公益诉讼提供20万元专项救济等。这里需要注意两个方面的问题：一是基金筹资渠道如何扩展。首先，国家财政是最强大也最为稳定的支持，也是目前最主要的资金来源，其次则来源于恢复性赔偿和惩罚性赔偿，但社会对于环境公益的关注度不足，来源于个人或企业的资金贡献占比不大。二是基金的管理问题。一方面，基金需要真正为环境公益诉讼提供物质基础，保证及时救济，而非推诿扯皮；另一方面，跨地域的资金调配尤为重要，经济落后往往和生态破坏相伴而行，公益基金在全国范围内的统筹有助于环境民事公益诉讼走出"机构绑架"的困境。

---

① 陈亮：《环境公益诉讼激励机制的法律构造——以传统民事诉讼与环境公益诉讼的当事人结构差异为视角》，载《现代法学》2016年第4期。
② 栗楠：《环境民事公益诉讼导入激励理论的合理性和可行性分析》，载《郑州大学学报（哲学社会科学版）》2017年第1期。

环境民事公益诉讼保险制度是一种由保险公司对投保人或被保险人与他人发生环境公益诉讼的费用进行理赔的制度。[①]诉讼保险通过转移诉讼成本的方式,从风险把控角度实现资金保障。诉讼保险的保金通常由环境民事公益诉讼基金支付,但被保险人一般是起诉方。不过近年来,诉讼保险出现了新的形式——鼓励高环境侵害风险的企业购买环境污染责任险,企业在创立之初就负有环境保护责任,一旦发生诉讼,其承担高额赔偿的能力也得到提升,一定程度有利于实现经济稳定发展和环境保护的平衡。

二、环境民事公益诉讼费用减免制度

环境民事公益诉讼具有"立案难、取证难、鉴定难、胜诉难"的特点,在此情况下原告需要承担的相关诉讼费用较高:除了常规的案件受理费、申请费之外,环境评估的调查取证、评估鉴定、勘验等都需要支付专业机构以高昂费用,律师费也不容小觑。

各地司法实践率先探索了合理的环境公益诉讼成本负担机制。2010年昆明市出台《昆明市环境公益诉讼救济专项资金管理暂行办法》,设立救济专项基金,用于支持原告进行环境监测等举证费用,同年规定可准许原告缓交诉讼费。2011年海南省设立环境公益诉讼基金,对包括案件受理费、调查取证费等在内的诉讼相关费用进行补贴,开启了省一级设立专项基金的先例。2015年贵州省规定原告一律缓交案件受理费,如

[①] 罗筱琦:《诉讼保险制度再探》,载《现代法学》2006年第4期。

若胜诉则免收费用，进一步减少了诉讼主体的后顾之忧。①

国家层面的司法支持主要来源于2015年出台的《环境民事公益诉讼解释》以及《关于全面加强环境资源审判工作为推进生态文明建设提供有力司法保障的意见》。二者关于诉讼费用的核心要旨是无论胜诉与否，可以准许申请缓交、减交或者免交案件受理费、保全申请费；胜诉案件中可以判令被告承担检验鉴定费、合理的律师费以及为诉讼支出的其他合理费用。②

但实践中诉讼成本过高的问题仍然存在，主要原因有以下三点：第一，根据我国《民事诉讼法》第一百零七条规定，当事人向法院申请费用缓交、减交或者免交的前提是"确有困难"，这实则让环境公益诉讼费用减免制度存在一定模糊性，提起诉讼的一方在各地司法实践中很可能并不具备缓交条件。第二，现行法律针对高昂的举证费用并没有统一的规定，大多数情况下仍然需要原告先行支付，即使法院判决败诉方负责相关费用，仍然存在执行难的问题。第三，除直接支付费用的显性成本以外，个人或社会组织还需在实地勘验、证据收集、调取工商登记与环评的手续等材料、与涉案企业人员进行交涉、走访利害关系群众等过程耗费大量人力物力，③ 而这些工作量难以得到有效补偿。

---

① 王丽萍：《突破环境公益诉讼启动的瓶颈：适格原告扩张与激励机制构建》，载《法学论坛》2017年第3期。
② 胡瀛琪：《环境公益诉讼激励机制研究》，燕山大学2017年硕士学位论文。
③ 郭雪慧：《社会组织提起环境民事公益诉讼研究——以激励机制为视角》，载《浙江大学学报》（人文社会科学版）2019年第3期。

三、环境民事公益诉讼法律援助制度

法律援助是指政府成立法律援助机构,为经济困难的当事人、弱势群体或指定当事人提供法律帮助,保障其合法权益不受侵害的一种制度。[①] 法律援助的必要性首先在于,环境民事公益诉讼的原告和被告在诉讼能力上常常差距悬殊。被告方一般是大型企业,法律人才资源相对丰富,其诉讼活动不易受到诉讼费用的限制。然而,原告方大多为环保人士、社会公益组织等,环境鉴定和聘用专业律师的成本较高,但经济实力相对不足,承担长期诉讼活动的能力相对缺乏。此外,社会律师作为代理人缺乏必要的激励和约束。社会公众作为诉讼结果受益人,大多倾向于密切关注案件进展本身,在对代理律师形成舆论监督压力方面,更多人选择"搭便车"。而即使代理律师采取不良行为,原告以举报形式对其社会声誉造成影响的可能性并不大。在这种情况下,由于原告对律师行为缺乏有效监督与控制,对原告律师的激励将极大地影响诉讼决策。[②]

环境民事公益法律诉讼法律援助应当从两个方面为原告提供必要帮助:一方面,在环境专项法律法规和诉讼流程上给到法律专业建议,或由公派律师承担代理人角色;另一方面,在环境鉴定方面给予相关技术支持,引入环境保护相关人才,帮助原告了解环境专业术语,确定污染程度,以及判断侵害事实,等等。然而,目前我国法律援助的目标人群主要是按照贫

[①] 陈亮:《完善我国法律援助制度研究》,载《法律实务研究》2017年第1期。

[②] 张维迎:《公有制经济中的委托人——代理人关系:理论分析和政策含义》,载《经济研究》1995年第4期。

困情况判定,针对环境民事公益诉讼并未有对应的援助措施,未来发展还须再放宽适用标准,考虑向实际诉讼成本的方向着力。

四、私主体原告的胜诉奖励制度

原告胜诉奖励机制是指在特定条件下,由特定资金经过特定程序给予胜诉原告奖励的制度。[①] 这里的奖励包括精神激励与物质激励两种,其最终目的是为了实现环境公益的最大化。提起环境民事公益诉讼的行为是出于公心保护社会公共利益的行为,从上文可知,原告自身很可能并非直接利害关系人,需要面对诉讼能力强大的企业法人,加上举证难度大且费用高,胜诉率较低。以牺牲个人利益维护社会公众利益的模式,与个人理性存在矛盾。现实中环境民事公益诉讼案件较少的事实说明,国家通过奖励方式支持高尚行为是必要的。

从胜诉奖励机制设立的出发点来看,"胜诉"是奖励的一个前提,其目的在于防止滥诉行为的产生。奖励主要有两种来源形式:一是将本属于社会公众的环境诉讼收益,按照一定比例给到原告。但具体奖励还需维持在合理幅度范围内,否则将产生"牟取经济利益"之嫌。二是从环境公益基金中划拨,此种方式不受被告履行法院判决结果的影响,且以政府财政为保障,更加有利于奖励机制运行。近年来,精神奖励也得到重视,对环保人士授予合理荣誉也成为环保组织得以长久发展的重要方式。

[①] 李义松、陈昱晗:《论环境民事公益诉讼之原告胜诉奖励机制》,载《西部法学评论》2015年第2期。

第三节　环境民事公益诉讼的约束机制

激励机制与约束机制无法割裂，或者说约束机制是对环境民事公益诉讼的负向激励。激励的预设是建立在诉讼成本高而胜诉率低的基础上，但是环境公益诉权也不得随意行使。尤其是在原告为直接利害关系人，胜诉后可获得相应赔偿的情况下，缺乏必要制约将为谋取一已私利的行为提供沃土。

一、败诉方负担原则

败诉方负担原则是指法院在其认为适当的时候，将胜诉原告所应承担的诉讼成本判给败诉被告承担的一种诉讼成本分摊方式。① 最初由美国1970年通过的《清洁空气法》提出，该法规定的主要诉讼成本为律师费用。败诉方负担原则在西方司法实践中应用较广，大多数研究认为该原则是综合激励机制和约束机制的重要体现，具有正诉激励、滥诉预防和行为矫正三重效果。

"正诉激励"中的"正诉"（meritorious suits）是对"有正当理由的诉讼"的简称。② 当诉讼请求符合实体法规定，原

---

① 陈亮、刘强:《纠缠于正诉激励与滥诉预防之间——美国环境公民诉讼中"败诉方负担"规则之考察》，载《法律适用》2007年第8期。
② Lucian Arye Bebchuk & Howard F. Chang, *An Analysis of Fee Shifting Based on the Margin of Victory: On Frivolous Suits, Meritorious Suits and the Role of Rule* 11, Journal of Legal Studies, Vol. 25: 371 (1996).

告提出强有力的事实根据和法律依据,胜诉的概率较大,而败诉方分摊诉讼成本将大大减轻原告的后顾之忧。但激励的困境在于胜诉概率实难预测,受到了代理律师专业能力、环境诉讼过程的复杂性等诸多因素影响。

滥诉预防即减少不被实体法支持的诉讼。当败诉方承担诉讼成本时,原告不得不对胜诉把握作出判断,其中很重要的衡量标准是诉讼请求能否获得实体法支持,"侥幸"心理将面临诉讼费用由自身承担的风险。换言之,败诉方负担原则"迫使潜在当事人更仔细地权衡其诉讼请求的可行性,从而可以减少无谓的或骚扰性诉讼"。[①]

行为矫正主要是针对被告的环境侵害行为形成威慑。对于败诉被告而言,其所需要承担的诉讼成本是不受自身控制的——为了赢得诉讼,原告必定耗费大量成本举证被告违法,一旦被告败诉便是一笔不小的数额。这样一来,企业采取生态破坏活动或环保部门失职时,必须顾虑到潜在原告的诉讼成本,从而对违法行为起到矫正效果。

败诉方负担原则与诉讼费用减免制度存在天然相斥,前者将诉讼成本承担和诉讼结果挂钩,而后者则多在结果公布之前实施。目前败诉方负担原则在印度、巴基斯坦、孟加拉国等国家取得一定成效,但在我国的应用还需要结合司法环境和具体诉讼主体情况而定。

二、我国诉讼约束机制的探索

从我国环境民事公益诉讼的现实来看,高成本下经济救济

[①] David Alan Sklansky, *Awards of Attorneys' Fees to Unsuccessful Environmental Litigants*, Harvard Law Re-view, Vol. 96: 685 (1983).

和奖励缺位，个人滥诉现象更像是一种非理性的假设，并不多见于司法实践。[①] 即便是胜诉概率较高的情况下，诉讼成本带来的风险更可能成为抑制合法诉讼的阻碍。但从制度全面性与配套性的角度考虑，仍然应当探索合理的环境民事公益诉讼约束机制。

一是诉前通告制度，即在提起诉讼之前，提前通知对方停止环境侵害行为，或督促国家机关行使环境保护责任。诉前通告制度能够在第一时间减少进一步环境破坏，也可以避免原告为增加胜诉可能，"纵容"违法行为继续发生。此外，督促有关环保机关及时履职，也是积极运用行政执法手段进行生态补救的方式。

二是预审听证会制度。面对牵涉面广、利益群体众多、专业性强的环境诉讼案件，召集诉讼主体开展审前听证会，并吸纳社会公众、专家意见，就环境侵害事实、影响范围和滥诉倾向进行探讨，从而为正式审理提供较为全面的参考。

三是建立滥诉责任承担机制。与败诉方承担原则不同，滥诉责任的承担与诉讼成本分摊相独立。原告歪曲事实、恶意炒作等滥诉行为，情节严重的可以依法纳入民事侵权行为的范畴，被告有权请求对方支付名誉损害费等赔偿。

总而言之，环境民事公益诉讼必须坚持"生态本位"，依法保护公民的环境法权。当前我国环境民事公益诉讼的高成本和低胜诉率共存，决定了其保障机制需以激励为主、约束为辅，通过费用减免、奖励机制提高原告的积极性，探索检察机关提起公益诉讼的有效模式，同时对诉讼双方形成约束，既要防止滥诉行为，也要保证执法有效，环境侵害行为得到制止和惩罚。

---

① 陈亮等：《环境公益诉讼研究》，法律出版社2015年版，第56页。

参 考 文 献

[1] 张俊浩. 民法学原理 [M]. 北京：中国政法大学出版社, 1997.

[2] 梅迪库斯. 德国民法总论 [M]. 邵建东, 译. 北京：法律出版社, 2000.

[3] 王书江. 日本民法典 [M]. 北京：中国人民公安大学出版社, 1999.

[4] 郑玉波, 陈荣隆. 民法债编总论 [M]. 北京：中国政法大学出版社, 2004.

[5] 王利明. 民法·侵权行为法 [M]. 北京：中国人民大学出版社, 1993.

[6] 梁慧星. 民法学说判例与立法研究 [M]. 北京：法律出版社, 2003.

[7] 梁慧星. 从近代民法到现代民法 [M]. 北京：中国法制出版社, 2000.

[8] 王泽鉴. 民法物权（第2册）[M]. 北京：中国政法大学出版社, 2001.

[9] 王泽鉴. 民法研究系列：民法学说与判例研究（第4册）[M]. 北京：北京大学出版社, 2009.

[10] 夏利民. 民法基本问题研究 [M]. 北京：中国人民公安大学出版社, 2001.

[11] 环建芬, 胡志民, 周建平. 民法学原理 [M]. 上海：上海交通大学出版社, 2004.

［12］赵万一. 民法的伦理分析［M］. 北京：法律出版社，2012.

［13］郑云端. 民法物权论［M］. 北京：北京大学出版社，2006.

［14］孔祥俊. 民商法新问题与判解研究［M］. 北京：人民法院出版社，1996.

［15］房绍坤. 民商法问题研究与适用［M］. 北京：北京大学出版社，2002.

［16］谢怀栻. 大陆法国家民法典研究［M］. 北京：中国法制出版社，2001.

［17］徐国栋. 罗马法与现代民法［M］. 北京：法律出版社，2000.

［18］刘雅珍，安孝义. 民商法理论与经济分析［M］. 北京中国政法大学出版社，1993.

［19］王泽鉴. 民法学说与判例研究［M］. 台北：台湾大学法学丛书编辑委员，1980.

［20］高铭暄，等. 刑法学原理［M］. 北京：中国人民大学出版社，1993.

［21］赵秉志. 刑法争议问题研究［M］. 郑州：河南人民出版社，1996.

［22］赵秉志. 刑法基础理论探索［M］. 北京：法律出版社，2003.

［23］赵秉志. 刑法基本问题［M］. 北京：北京大学出版社，2010.

［24］张明楷，黎宏，周光权. 刑法新问题探究［M］. 北京：清华大学出版社，2003.

［25］周光权. 刑法学的向度［M］. 北京：中国政法大学出版社，2004.

［26］孙林. 环境法与可持续发展：联合国环境规划署沿着新道路前进［M］. 北京：中国环境科学出版社，1996.

［27］陈汉光，朴光洙. 环境法基础［M］. 北京：中国环境科学出版社，1994.

[28] 芬德利. 环境法概要 [M]. 北京：中国社会科学出版社, 1997.

[29] 周珂. 生态环境法论 [M]. 北京：法律出版社, 2001.

[30] 李挚萍. 环境法的新发展：管制与民主之互动 [M]. 北京：人民法院出版社, 2006.

[31] 汪劲. 环境法学 [M]. 2版. 北京：北京大学出版社, 2011.

[32] 吕忠梅. 环境法导论 [M]. 2版. 北京：北京大学出版社, 2010.

[33] 王彬辉. 论环境法的逻辑嬗变：从"义务本位"到"权力本位" [M]. 北京：科学出版社, 2006.

[34] 王彬辉. 基本环境法律价值：以环境法经济刺激制度为视角 [M]. 北京：中国法制出版社, 2008.

[35] 白平则. 人与自然和谐关系的构建：环境法基本问题研究 [M]. 北京：中国法制出版社, 2006.

[36] 常纪文. 环境法原论 [M]. 北京：人民出版社, 2003.

[37] 黄明健. 环境法制度论 [M]. 北京：中国环境科学出版社, 2004.

[38] 肖剑鸣. 比较环境法专论 [M]. 北京：中国环境科学出版社, 2004.

[39] 周珂. 环境法学研究 [M]. 北京：中国人民大学出版社, 2008.

[40] 胡静. 环境法的正当性与制度选择 [M]. 北京：知识产权出版社, 2009.

[41] 史玉成, 郭武. 环境法的理念更新与制度重构 [M]. 北京：高等教育出版社, 2010.

[42] 朱谦. 环境法基本原理：以环境污染防治法律为中心 [M]. 北京：知识产权出版社, 2009.

[43] 文同爱. 生态社会的环境法保护对象研究 [M]. 北京：中国法制出版社, 2006.

[44] 屈振辉. 伦理学视域中的现代环境法 [M]. 长沙：中南大学

出版社，2015．

［45］王圣礼．论环境法的主体与客体［M］．北京：法律出版社，2015．

［46］叶知年．环境民法要论［M］．北京：法律出版社，2014．

［47］王嘎利，杨士龙．中外视域中的环境法理论［M］．北京：知识产权出版社，2010．

［48］陈刚．比较民事诉讼法［M］．北京：中国人民大学出版社，1999．

［49］高桥宏志．民事诉讼法制度与理论的深层分析［M］．北京：法律出版社，2003．

［50］王胜明．中华人民共和国民事诉讼法释义［M］．北京：法律出版社，2012．

［51］甘文．行政诉讼法司法解释之评论［M］．北京：中国法制出版社，2000．

［52］江必新．中国行政诉讼制度的完善：行政诉讼法修改问题实务研究［M］．北京：法律出版社，2005．

［53］杨海坤，章志远．行政诉讼法专题研究述评［M］．北京：中国民主法制出版社，2006．

［54］江必新，梁凤云．行政诉讼法理论与实务［M］．2版．北京：北京大学出版社，2011．

［55］章志远．公法研究：行政诉讼法前沿问题研究［M］．济南：山东人民出版社，2008．

［56］江必新．中华人民共和国行政诉讼法理解适用与实务指南［M］．北京：中国法制出版社，2015．

［57］胡锦光，莫于川．行政法与行政诉讼法概论［M］．北京：中国人民大学出版社，2002．

［58］林莉红．行政诉讼法问题专论［M］．武汉：武汉大学出版社，2010．

［59］江必新，梁凤云，郭修江，等．新行政诉讼法专题讲座［M］．北京：中国法制出版社，2015．

[60] 林莉红. 行政法治的理想与现实：《行政诉讼法》实施状况实证研究报告 [M]. 北京：北京大学出版社，2014.

[61] 元照法律研究室. 行政法与行政诉讼法 [M]. 5版. 北京：北京大学出版社，2015.

[62] 陈亚平. 行政法与行政诉讼法原理与实务 [M]. 广州：华南理工大学出版社，2006.

[63] 叶必丰. 行政法与行政诉讼法 [M]. 北京：中国人民大学出版社，2011.

[64] 关保英，孙波，张继红，等. 行政法与行政诉讼法：理论实务案例 [M]. 北京：中国政法大学出版社，2011.

[65] 朴光洙. 环境法与环境执法 [M]. 北京：中国环境出版社，2015.

[66] 颜运秋. 公益诉讼理念研究 [M]. 北京：中国检察出版社，2002.

[67] 伍玉功. 公益诉讼制度研究 [M]. 长沙：湖南师范大学出版社，2006.

[68] 张艳蕊. 民事公益诉讼制度研究：兼论民事诉讼机能的扩大 [M]. 北京：北京大学出版社，2007.

[69] 徐卉. 通向社会正义之路：公益诉讼理论研究 [M]. 北京：法律出版社，2009.

[70] 刘年夫，李挚萍. 正义与平衡：环境公益诉讼的深度探索 [M]. 广州：中山大学出版社，2011.

[71] 江伟. 民事诉讼法学公益诉讼 [M]. 长沙：湖南师范大学出版社，2006.

[72] 李卓. 公益诉讼与社会公正 [M]. 北京：法律出版社，2010.

[73] 徐祥民. 环境公益诉讼研究 [M]. 北京：中国法制出版社，2009.

[74] 陈阳. 检察机关环境公益诉讼原告资格及其限制 [M]. 济南：山东人民出版社，2009.

[75] 陈亮. 环境公益诉讼研究［M］. 北京：法律出版社，2015.

[76] 白彦. 民事公益诉讼理论问题研究［M］. 北京：北京大学出版社，2016.

[77] 黄学贤，王太高. 行政公益诉讼研究［M］. 北京：中国政法大学出版社，2008.

[78] 项焱. 公益诉讼的理念与实践［M］. 武汉：武汉大学出版社，2010.

[79] 刘年夫，李挚萍. 正义与平衡［M］. 广州：中山大学出版社，2011.

[80] 陈冬. 美国环境公民诉讼研究［M］. 北京：中国人民大学出版社，2014.

[81] 徐燕平. 检察实务前沿问题研究［M］. 上海：上海交通大学出版社，2011.

[82] 谢伟. 环境公益诉权研究［M］. 北京：中国政法大学出版社，2016.

[83] 陈亮. 为环境正义而战［M］. 北京：中国检察出版社，2014.

[84] 胡卫列. 论行政公益诉讼制度的建构［J］. 行政法学研究，2012，78（2）：37-41.

[85] 胡卫列，田凯. 检察机关提起行政公益诉讼试点情况研究［J］. 行政法学研究，2017，102（2）：19-35.

[86] 胡卫列. 行政诉讼检察监督论要［J］. 国家检察官学院学报，2000，8（3）：46-53.

[87] 胡卫列. 切实把检察公益诉讼制度优势转化为社会治理效能［J］. 人民检察，2019（3）：50.

[88] 胡婷婷. 欧洲环境司法制度及启示［J］. 人民检察，2020（5）：35-40.

[89] 刘艺. 检察公益诉讼的司法实践与理论探索［J］. 国家检察官学院学报，2017（2）：3-18，170.

[90] 汪劲，马海桓. 生态环境损害民刑诉讼衔接的顺位规则研究

[J]. 南京工业大学学报（社会科学版），2019，18（1）：25-34.

[91] 史玉成. 环境公益诉讼制度构建若干问题探析[J]. 现代法学，2004，26（3）：156-160.

[92] 肖建国，黄忠顺. 环境公益诉讼基本问题研究[J]. 法律适用，2014（4）：8-14.

[93] 王明远. 论我国环境公益诉讼的发展方向：基于行政权与司法权关系理论的分析[J]. 中国法学，2016，189（1）：51-70.

[94] 余莎白. 论环境公共利益的界定标准[J]. 法制与社会，2011（10）：285-286.

[95] 余少祥. 论公共利益的行政保护——法律原理与法律方法[J]. 环球法律评论，2008（3）：8.

[96] 周勇飞，高利红. 多元程序进路下环境公共利益司法体系的整合与型构[J]. 郑州大学学报（哲学社会科学版），2020，53（5）：7.

[97] 李劲，赵亚萍. 环境公共利益司法保护的现实考量与进路分析：以环境公益诉讼为切入点[J]. 行政与法，2017（2）：7.

[98] 冯敬尧. 环境公益诉讼的理论与实践探析[J]. 湖北社会科学，2003（10）：119-120.

[99] 肖建国. 利益交错中的环境公益诉讼原理[J]. 中国人民大学学报，2016，30（2）：14-22.

[100] 巩固. 大同小异抑或貌合神离？中美环境公益诉讼比较研究[J]. 比较法研究，2017（2）：105-125.

[101] 曹明德. 检察院提起公益诉讼面临的困境和推进方向[J]. 法学评论，2020（1）：118-125.

[102] 丁敏. "环境违法成本低"问题之应对[J]. 法学评论，2009.

[103] 王学成. 论检察机关提起环境民事公益诉讼[J]. 人民检察，2009（11）：18-21.

[104] 杨滨，任炳强，程昱. 检察机关提起环境公益诉讼思考[J]. 人民检察，2015（6）：57-60.

[105] 杨菲菲，潘振洲，危靓. 生态环境损害赔偿诉前磋商的有益

尝试：以陕西省延安市"5·27"北洛河污染公益诉讼案为分析基础[J]. 人民检察, 2019 (24).

[106] 汤维建. 检察机关提起公益诉讼的制度优化[J]. 人民检察, 2018 (11): 14-18.

[107] 徐全兵. 深入探讨法理基础科学谋划程序设计：探索建立检察机关提起公益诉讼制度研讨会观点综述[J]. 人民检察, 2016 (11): 49-52.

[108] 李艳芳, 吴凯杰. 论检察机关在环境公益诉讼中的角色与定位：兼评最高人民检察院《检察机关提起公益诉讼改革试点方案》[J]. 中国人民大学学报, 2016-03-16.

[109] 余莎白. 论环境公共利益的界定标准[J]. 法制与社会, 2011 (10): 285-286.

[110] 李劲. 环保NGO环境公益诉讼主体资格探究[J]. 行政与法, 2014 (3): 65-69.

[111] 许娟. 环境公益诉讼主体的确立及相关问题的探讨[J]. 法制与社会, 2007 (1): 187-188.

[112] 孙艺心. 我国环境公益诉讼主体资格研究[J]. 法制与社会, 2014.

[113] 戴德军. 环境公益诉讼主体类型化研究[J]. 社会科学研究, 2009, 6 (6): 75-79.

[114] 童卫萍. 论环境公益诉讼主体资格[J]. 法制与社会, 2011 (34): 120-121.

[115] 兰莹. 检察机关提起环境行政公益诉讼主体资格[J/OL]. 社会科学（全文版）: 176.

[116] 杨敬. 我国环境行政公益诉讼原告资格研究[D]. 长春：吉林大学.

[117] 竺效. 论环境民事公益诉讼救济的实体公益[J]. 中国人民大学学报, 2016 (2): 23-31.

[118] 黄忠顺. 环境公益诉讼制度扩张解释论[J]. 中国人民大学学报, 2016, 30 (2): 32-42.

[119] 吕佳莉. 环境公益诉讼激励机制的重构 [D]. 重庆：西南政法大学, 2014.

[120] 龙克琼, 何熊. 论我国环境公益诉讼激励机制的构建 [J]. 法制与社会, 2014-04-25.

[121] 朱习健. 我国社会组织提起环境公益诉讼的激励机制研究 [D]. 重庆：西南政法大学, 2017.

[122] 高国梁. 论我国环境公益诉讼制度的构建 [J]. 法制与社会, 2011 (3)：40-41.

[123] 许琳琳. 论我国环境公益诉讼制度的完善 [J]. 法制与社会, 2014 (21)：2.

[124] 于文轩, 唐忠辉. 环境公益诉讼的规则要点与制度衔接 [J]. 中国环境法治, 2009.

[125] 邓世豹, 马佳娜. 论环境公益诉讼中的特殊证据规则 [J]. 法治论坛, 2010 (2)：35-43.

[126] 蔡先凤. "康菲溢油案"首启环境公益诉讼的法律焦点问题解析 [J]. 环境保护, 2016, 44 (Z1)：82-85.

[127] 吴怡. 检察环境公益诉讼调查取证权运行研究 [D]. 重庆：西南政法大学, 2019.

[128] 刘超. 论环境民事公益诉讼证据调查之展开 [J]. 江西社会科学, 2017, 37 (9)：209-215.

[129] 吴敌. 环境公益诉讼制度相关问题探究 [J]. 法制与社会, 2015 (14)：38-39.

[130] 冷凌, 周慧. 我国环境公益诉讼程序规则的立法完善 [J]. 人民论坛, 2013 (8)：150-151.

[131] 肖建国, 蔡梦非. 环境公益诉讼诉前程序模式设计与路径选择 [J]. 人民司法, 2017 (13)：13-18.

[132] 黄成. 环境民事公益诉讼十年回顾, 反思与建议：基于2008—2017年典型案例的实证分析 [J]. 环境法评论, 2019 (00)：267-308.

[133] 牟桐. 环境公益诉讼审判程序规则专门化研究 [D]. 重庆：

西南政法大学，2019.

[134] 魏文超，刘小飞，孙茜. 关于环境公益诉讼审判原则和程序规则的若干问题[J]. 中国审判，2017（10）：12-15.

[135] 丁宝同，张美美. 环境公益诉讼之诉前鉴定机制研究[J]. 中国司法鉴定，2014（3）：1-6.

[136] 陈海嵩. 环境民事公益诉讼程序规则的争议与完善[J]. 政法论丛，2017（3）：11.

[137] 李剑锋. 我国环境公益诉讼程序问题初探[D]. 广州：华南理工大学，2015.

[138] 沈寿文. 环境公益诉讼行政机关原告资格之反思：基于宪法原理的分析[J]. 当代法学，2013（1）：7.

[139] 张锋. 检察环境公益诉讼之诉前程序研究[J]. 政治与法律，2018（11）：151-160.

[140] 游中川，谭中平，范京川. 侵害生态环境公益诉讼的责任承担[J]. 人民司法（案例），2017，796（29）：61-64.

[141] 张辉. 论环境民事公益诉讼裁判的执行："天价"环境公益诉讼案件的后续关注[J]. 法学论坛，2016（5）：80-89.

[142] 胡传朋. 我国环境公益诉讼的保障制度研究[J]. 汕头大学学报（人文社会科学版），2014（2）：74-80.

[143] 崔丽. 新〈环境保护法〉背景下环境公益诉讼激励机制研究[J]. 生态经济，2015（5）：133-137.

[144] 秦南茜，刘旭. 浅谈我国环境公益诉讼的完善：从诉讼激励机制角度[J]. 法制与经济（下旬），2011，1（161）：59-60.

[145] 龙克琼，何熊. 论我国环境公益诉讼激励机制的构建[J]. 法制与社会，2014（12）：2.

[146] 庞新燕. 环境行政公益诉讼执行制度之探究[J]. 环境保护，2019，47（16）.

[147] 郭珺. 我国环境公益诉讼进路探析[J]. 环境保护，2015，43（2）：60-61.

[148] 吴勇. 论环保法庭的举证责任分配规则[J]. 环境保护，2014，42（16）：22-25.

[149] 杨春桃. 环境公益损害的法律救济现状及对策研究 [J]. 环境保护, 2014 (9): 40-42.

[150] 林文学. 环境民事公益诉讼争议问题探讨 [J]. 法律适用, 2014 (10): 43-47.

[151] 李丽. 论破坏环境资源保护罪相关民事公益诉讼的提起 [J]. 环境保护, 2019, 47 (8): 63-66.

[152] 王世进, 张维娅. 论生态环境损害赔偿诉讼与环境民事公益诉讼的衔接 [J]. 时代法学, 2020, 18 (2): 41-45, 52.

[153] 张明哲. 检察机关提起环境民事公益诉讼制度反思: 以检察机关职能的特殊性为切入点 [J]. 东南大学学报 (哲学社会科学版), 2017 (S1): 94-99.

[154] 邓可祝. 环境行政公益诉讼和解制度研究 [J]. 法治研究, 2016 (4): 101-112.

[155] 陈太清. 行政罚款与环境损害救济 [J]. 行政法学研究, 2012 (4).

[156] 刘冬星, 叶宏禄. 我国环境民事公益诉讼中的调解制度研究 [J]. 法制与经济, 2018, 449 (8): 24-26.

[157] 邓可祝. 环境行政公益诉讼和解制度研究 [J]. 法治研究, 2016 (4): 101-112.

[158] 王一彧. 检察机关提起环境行政公益诉讼现状检视与制度完善 [J]. 中国政法大学学报, 2019 (5): 13-21.

[159] 赵卫民, 郭继光. 程序框架: 环境公益民事诉讼的特殊制度设计 [J]. 中国环境法治, 2013 (2).

[160] 张颖. 环境公益诉讼费用规则的思考 [J]. 法学, 2013 (7): 136-141.

[161] 郝海青. 环境公益诉讼中的前置程序研究 [J]. 中国海洋大学学报 (社会科学版), 2010 (2): 90-95.

[162] 吴俊. 环境民事公益诉讼的程序构造 [J]. 华东政法大学学报, 2015, 18 (6): 40-51.

[163] 叶明. 公益诉讼的局限及其发展的困难: 对建立新型经济诉讼的几点思考 [J]. 现代法学, 2003, 25 (5): 31-36.

后　　记

　　这本书是我作为国家检察官学院与中国人民大学联合培养的博士后在站期间所形成的阶段性研究成果。进站之初，我就在导师孙谦教授、刘明祥教授的指导下确定了"立足检察工作实践、探寻具有理论研究需求的命题"这一选题角度和方向。两位老师特别指出，这几年随着司法体制改革的不断推进，检察机关面临很多新挑战新任务，实践工作需要应势而动，不断调整适应，理论与制度层面也需相应跟进，加强思考与建构。如此一来，党的十八届四中全会提出的"探索建立检察机关提起公益诉讼制度"这一课题进入我的视野。2015年7月，全国人大授权最高人民检察院在北京、江苏、山东、广东、陕西、甘肃等13个省市开展为期两年的检察机关提起公益诉讼试点。当时，我在甘肃省人民检察院工作，见证了检察机关落实试点工作要求，对这样一项全新的制度边实践、边探索、边总结的过程。2016年11月，我调动至广东省人民检察院工作，为了解这项制度的推进过程又获得了新的研究样本。同样作为试点单位，广东省各级检察机关借助地处发达省份的理念、资源、人才等优势，在构建试点工作制度框架、争取多方支持形成工作合力、依法办理公益诉讼案件等多方面都积累了比较丰富的实践经验。如此，也极大鼓舞了我围绕公益诉讼这一选题进行研究的信心。

2017年6月，全国人大审议通过修改民事诉讼法和行政诉讼法的决定，正式建立检察机关提起公益诉讼制度。从两年试点到至今近四年的全面实施，在快速发展的过程中，其呈现出一系列既不同于其他制度又不同于域外类似制度的鲜明特点。同时，纵观司法实践，2018年，检察机关立案办理公益诉讼11万余件，2019年增长至12万余件，2020年突破15万件，其中每年占半数以上的案件均集中在生态环境和资源保护领域，一批长期困扰人民群众的环境问题得到有效解决。这与以习近平同志为核心的党中央高度重视生态文明建设、坚定不移贯彻绿色发展理念密不可分，同时也反映出检察机关提起环境公益诉讼已经成为保护环境的重要途径。

基于此，在导师的指导下，我最终把研究选题限定在环境类公益诉讼这一角度，以期通过对相关理论的梳理、司法实践的观察、制度规则的探讨、保障机制的建构等研究，呈现出当前我国环境公益诉讼的基本框架与总体格局。特别是借助在检察机关工作的优势，对检察公益诉讼相关的理论与制度构建做了一些尝试，提出了一些思考。但毕竟公益诉讼在我国作为一项制度明确下来，历程还很短，理论与实践都还处于探索之中，本书中的观点探讨都是初步的、粗浅的，更多的是对环境公益诉讼的基本框架和总体格局进行一种全景式呈现，倾向于是一本通识性的、总结式的专著。具体到检察机关提起公益诉讼，更是存在与诉权理论的衔接或融入、诉前程序这一制度设计的理论支撑、民事与行政公益诉讼的制度机理异同，以及举证责任规则、诉讼范围拓展标准与界限等一系列亟须研究探讨的课题，这些都是我后续加强学习的关注点和侧重点。

在职学习无疑是对时间、精力、心境、状态等各方面的巨大挑战。在无比艰辛的写作研究过程中，两位导师始终用春风

后　记

化雨般的言语以及身体力行的无声力量，给予我耐心指导与鼓励支持，成为支撑我不放弃的莫大动力与希望。

孙老师深耕刑事法律、检察实务领域三十载，举手投足间流露出来的法治信仰和家国情怀足以感染身边的每一个人。在检察系统工作，能有机会聆听到孙老师不同形式的辅导授课，他讲法律的精神、讲刑法的谦抑、讲职业道德、讲执法伦理，他还讲法律究竟应该在经济社会发展中发挥什么作用、法治带给老百姓的获得感究竟应该体现在哪里，等等。一字一句我都深深记在脑海里，并时刻提醒和鞭策自己作为一名法律人应具备的价值观、法治观和历史观。2020年10月，孙老师到广东调研视察检察工作，除了在严肃的座谈会上聆听到老师的名词佳句，还得以有机会近距离与老师轻松聊天，老师很放松，娓娓忆起他工作中的一些关键时间节点和事关人生走向的重要选择决策，分享彼时的考虑、当下的感悟，谈及感恩与珍惜。如今每每回味这些，我都能体会到老师骨子里的那份睿智、豁达与淡然，同时也能深切感受到老师当时对我"语重心长"背后的良苦用心。老师还擅长书法，每年都会给我寄来一幅亲笔墨宝，我虽然不懂文墨，但是笔酣墨饱间透出的酣畅、洒脱与娟秀不正是印证了"字如其人"吗！至于内容，老师定是寄托了他对学生最美好的期许与勉励在其中，让我深深感动。

刘老师给予我的帮助与影响是另一种方式。本科就读法学专业，就听说过他的大名，读过他的书。真正成为他的学生，却已是自己工作的第十个年头。虽然还是在政法机关，但受工作岗位性质所限，在刑法理论的研究思维、话语体系、能力水平等方面已然生疏和落伍。不知道是不是老师察觉到了我的窘迫和自卑，他亲自把我介绍给在校的同门师弟师妹认识，推荐已毕业多年现在广州工作的同门师兄师姐和我相识，帮我迅速融入这个大家庭。每次见面他都看似轻松随意，实则会循循善诱对我的学习进展、研究思路提出非常宝贵的指导意见。最让我感动的是，新冠疫情发生后，老师主动帮我规划了更便利的异地学习沟通方式，还安排了一名在校师弟帮助我协调对接学校的相关事宜。老师不善言辞，但为我做的一切无不体现了他的善心、细心与贴心。"师者，所以传道授业解惑也"，刘老师是当之无愧的好师长。

感恩我的父母、爱人、两个宝贝，相比你们的付出，我笔下所有文字能表达出的情感都是黯淡的，唯愿和你们一起常相伴、永相守。感谢我的同届博士后同学，他们或是学界才俊，或是司法实务部门翘楚，时不时会来提醒敲打我一下，督促我不要掉队跟上他们前进的步伐。感谢所有给我鼓劲打气、支持我帮助我的亲朋好友，你们都是我的世界里闪亮的星辰。

古希腊哲学家芝诺说过："人类对世界的认识可以比作一个圆圈，圈里是一点点的已知，而圈外面是无限的未知。我们的毕生梦想，就是努力让这个圆圈再突出去一点点。"学海无涯，以此自勉。

受水平所限，本书难免存在疏漏，敬请读者和同行不吝指正。

2021 年 4 月

于广州珠江新城